Inhalt

W0387065

Einführung

Als wir gerade die ersten Gedanken zu diesem Heft „Mit Jesus das Kreuz tragen" niederschrieben, platzte die Nachricht von dem alle Welt erschreckenden, schockierenden Terroranschlag auf das World Trade Center in New York herein. Plötzlich waren die Bilder des Kreuzwegs anders, der Weg führt durch unsere Welt. Wer trägt all das Unrecht, den Hass, den Wahnsinn des Terrors? Wer ist bei den Opfern? In unserem Land leben noch viele Menschen, die die Vernichtungsflüge des Zweiten Weltkrieges erlebt haben, Schutt und Asche. Wer führt heraus aus dem Teufelskreis der Gewalt in die Freiheit, in die gute Begegnung, zu Liebe, Frieden, Einheit?

Es macht nachdenklich, dass viele Menschen auf den dunklen Wegen ihres Lebens, in schweren, aussichtslosen Stunden den Kreuzweg Jesu anschauen und durchbeten. Sie schauen auf seinen Weg, den er für uns gegangen ist, den er mit uns geht. Er ist in die Gebrochenheit unseres menschlichen Lebens herabgestiegen, um uns nahe zu sein. Seine Nähe ist Gestalt seiner Liebe, unerschöpfliche Quelle der Lebenskraft. Sie bahnt einen Weg, leuchtet durch alle Dunkelheit: Gottes Leben und Liebe ist größer. Alle eigene Bedürftigkeit, Ohnmacht und Gebrochenheit dürfen wir Jesus übergeben.

Gewöhnlich neigen wir dazu, im Leben das Dunkel und Unheil auszuklammern, wegzuschieben, denn es stört wirklich das Leben. Wir aber wollen doch leben! Darum hat die Tradition des Kreuzwegs auch eine umgekehrte Aufgabe: Sie will unseren Blick auf Leid, Unrecht, Unheil, Friedlosigkeit und Tod der Nächsten hinlenken. Kreuzwegstationen stehen in der schönsten Landschaft, am Weg einen schönen Berg hinauf und erinnern uns, dass wir sehen lernen, uns nicht täuschen. Das Leid der Welt lässt Gott nicht unberührt, Gott nimmt es auf, macht es sich zueigen. Das macht uns heil!

Der Kreuzweg hat eine feste Folge von vierzehn Stationen, so in RPP 1986/1. Wir haben hier andere Stationen gewählt, kurze biblische Texte, die zwar sehr bekannt sind – bis in die Sprache hinein, z. B. der Judaskuss –, aber selten bedacht werden. Sie sind sehr feine Zugänge zu einer Begegnung mit Jesus und haben im Einfachen, Elementaren viel mit unserem Leben zu tun.

Der Bogen ist sehr weit gespannt. In der österlichen Bußzeit, also in der Zeit auf Ostern zu, um das Leben neu zu empfangen und zu „lernen", versuchen wir zuerst einen Blick auf die Asche, um die Freude am Leben und das Geschenk des täglichen Lebens wahrzunehmen.

Dann beginnt der Weg mit Jesus, der gekommen ist, um uns und der Welt das Leben zu bringen. Zunächst jubeln ihm die Menschen als ihrem König und Lebensbringer zu, dann aber verwerfen sie ihn. Mit Jesus den Kreuzweg gehen, das heißt langsam, Schritt für Schritt in eine Begegnung mit ihm einzutreten, ob wir seine bleibende Liebe entdecken können.

Das Böse, Dunkelheit und Tod werden nicht im Übergang zu einer neuen Welt einfach aus der Welt geschafft. Die Antwort darauf bleibt jetzt die Liebe, die andere trägt und erträgt, unsere Liebe, die mit Jesus mitträgt.

Dieses Heft möge in den Kindern und Erzieherinnen, in allen, die es zur Hand nehmen, die Haltungen und Kräfte wecken, die ins Leben führen: Hinschauen, Mitleid und Teilnahme, Verzichten und Hingeben, Tragen und Ertragen, Schweigen und Hören. Mögen Glauben und Hoffen geweckt werden, was freilich nicht geschehen kann, ohne dass wir die Osterbotschaft erschließen und verkünden.

Sr. Esther Kaufmann
P. Meinulf Blechschmidt

Fastenzeit

Franz Kett

2. Fastenzeit, Osterzeit, Zeit des Lebens: Seid bereit!
Überfluss an Gut und Geld, vieles haben, was nicht zählt.
3. Fastenzeit, Osterzeit, Zeit des Lebens: Seid bereit!
Stark und mächtig - vieles Schein, doch die Herzen arm und klein.
4. Fastenzeit, Osterzeit, Zeit des Lebens: Seid bereit!
Fragen nach des Lebens Sinn - Antwort suchen, Neubeginn.
5. Fastenzeit, Osterzeit, Zeit des Lebens: Seid bereit!
Jesus kann uns Menschen geben, was wir suchen - neues Leben.
6. Fastenzeit, Osterzeit, Zeit des Lebens: Seid bereit!
Kehret um und werdet neu! Jesus, Herr, mach du uns frei.

Fastenzeit, Osterzeit, Zeit des Lebens. Seid bereit!

Wir feiern Aschermittwoch

Wie bedeutsam die Faschingszeit (Fasnet, Karneval) ist, zeigt sich daran, dass sie bisweilen als fünfte Jahreszeit bezeichnet wird. Sie ist ziemlich lang, hatte ihre stille Vorbereitung, bis sie voll aufbricht im närrischen und bunten Treiben in Häusern und auf den Straßen, mit Umzügen, Masken, Tanz, Reden, kritischem Witz, Humor, Essen und Trinken. Das ausgelassene Treiben geht bis in die Nacht des Faschingsdienstags. Am Aschermittwoch aber ist alles vorbei. Die Straßen sind oft noch voll vom Umzugsmüll, die Kostüme hängen traurig an den Schränken, manchem brummt der Kopf, die Katerstimmung ist nicht leicht zu überspielen. Mit einem Schlag geht der Alltag, die graue Arbeit der ausklingenden, trüben Winterszeit weiter, als wäre nichts gewesen. Dieser übergangslose Wechsel kann für manches Kind einem Schock ähnlich sein.

Der Anfang mit der Asche

Und zu all dem wird dann noch die Asche auf die freie Stirn gezeichnet, schmucklos, ernst. Obwohl der Aschermittwoch ein gewöhnlicher Arbeitstag in der Woche ist, sind die Kirchen oft voll, viele Gläubige suchen das Aschenkreuz, das in der einen Form mit den Worten aufgelegt wird: *„Bedenk, o Mensch, du bist von Staub und kehrst zum Staub zurück."* Was ist das für ein Weg, wenn sie in langer Schlange warten, als gäbe es ein großes Geschenk, dann vortreten und noch die Haare aus der Stirn wischen, damit sie wirklich frei ist für diese Asche?

Mit dieser nüchternen, alle Masken entlarvenden Wahrheit beginnt die Kirche die *vierzig Tage der Österlichen Bußzeit*, den Weg des Abstiegs zum Karfreitag und durch dessen Todesdunkel zum Osterfest, zum neuen Leben.

Gezeichnet mit Asche

Welches Zeichen wird uns auf die Stirn geprägt? Wir gehen als „Gezeichnete" weg, gezeichnet von der Vergänglichkeit, vom Tod. Wir gehen als die, die wir sind, denn wer wüsste es nicht, dass er sterblich ist? Doch leben wir oft, als wären wir es nicht: *Bedenk, o Mensch!* Die Wahrheit wird uns auf die Stirn gezeichnet, damit wir *Bedenken*, es erinnernd gegenwärtig halten, dass wir in die Geschichte der Ursünde eingebunden sind, in die Abkehr vom lebendigen Gott, die Tod ist. Heute sind wir davon geprägt, so ist unser Leben.

Gezeichnet mit Sehnsucht

Diese Wahrheit zu bedenken, ihrer eingedenk zu sein, das ist wahrlich ein *Geschenk* und nicht die Bürde der Verzweiflung. Mit Recht stehen wir an, suchen die Wahrheit, um in die Freiheit zu kommen. Denn die Kirche beginnt mit dem Aschermittwoch die Bußzeit, die dem ersten *Weg Jesu entspricht*. Er, der Sohn Gottes, mit dem Heiligen Geist gesalbt, ging in die Wüste, fastete vierzig Tage und vierzig Nächte und wurde versucht. Er widerstand den Versuchungen und übergab sein Leben ganz dem Vater und übernahm von ihm seine Sendung.

Bezeichnet zur Umkehr

So vorbereitet tritt Jesus auf und ruft als erstes Wort: *„Kehrt um und glaubt an das Evangelium!"* Das ist auch die zweite Formel, mit der das Aschenkreuz aufgelegt werden kann: *„Bekehre dich und glaube an das Evangelium!"*. Sie ist nicht als eine Milderung gedacht, als wäre die Härte der grauen Asche zuviel für den Menschen, diese Wahrheit lebensverneinend und darum unzumutbar, sondern sie ist das Geschenk, das der Sehnsucht des Menschen in seiner Bedrängnis entspricht. Da kommt *der Retter, er bringt die Frohe Botschaft, das Evangelium*. Erreichen aber kannst du es nur, wenn du *umkehrst*, wenn du dich auf den Weg des Evangeliums begibst, ihm glaubst.

Der Weg der Um-kehr

Umkehren sollen wir, um neu zu gehen, um mit Jesus zu gehen. Umkehr ist zuerst *Hin-kehr*. Ein neues Ziel leuchtet auf, eine Sehnsucht muss wachsen, die Liebe zu Gott. Die Abwendung von Gott, die Sünde, ist nicht aufzuheben durch Wegreden oder Ignorieren, sondern nur durch eine neue *Hin-kehr zu ihm*. Wer umkehrt, der beginnt einen ausgesprochen kraftvollen, positiven Weg.

Umkehr ist auch *Ab-kehr*. Was muss zurückbleiben? Was wird auf dem Weg mit Jesus sterben müssen? Wie viel Egoismus und Härte, welche Illusionen und Träume, Unwahrheiten und Unwahrhaftigkeiten, Lebenslügen, welche selbstverständlichen Gewohnheiten, die aber nicht zum Leben, zum Frieden und zur Gemeinschaft führen, bestimmen unser und mein Leben?

Der Weg der Umkehr ist schließlich ein Weg der *Ein-kehr*. Ich kehre ein bei mir, werde still, um mit Gott ins Gespräch zu kommen. Nicht die Welt, nicht das, was alle sagen, wird mir zum Maßstab. Es ist Wüstenzeit, Stille, Einsamkeit, in der die *Ein-sicht* wächst, die Kraft der *Unterscheidung*, worauf es ankommt, was wesentlich ist oder was sich nur aufbläht. Was macht mich frei für Gott und ein Leben mit ihm und mit dem Nächsten?

Mit dem einfachen Zeichen der Asche sind wir nicht schnell fertig. Viele Fragen und Überlegungen stellen sich ein. Auch vierzig Tage, die so lang scheinen, sind in Wahrheit eine kurze Zeit. Schnell ist Ostern da, und nichts ist in uns geschehen. Auferstehung zu einem neuen Leben findet nicht statt, weil das alte noch nicht gestorben ist.

Wie geht der Weg?

Trotz der Fülle des Zeichens und dem Anspruch, der sich damit verbindet, beginnen wir die Österliche Bußzeit mit dem *Aschenkreuz als einem einfachen, schlichten Zeichen*, dass seine Kraft auch im einfachen und schlichten Umgang zeigen muss. Es wäre falsch, alle ausgefalteten Gedanken in einem Moment daran zu hängen, das Zeichen aufzublähen und gar die Umkehr in einer Aschenfeier festzumachen. Es bleibt ein Anfang, der als religiöses Zeichen auch *wachsen* darf. Es wird uns Zeit geschenkt, sodass der Anfang weiter klingt, im Alltag Gestalt gewinnt. Dort wird zu entscheiden sein, was ich zum Leben brauche. Verzicht ist Alltagsentscheidung. Worauf kann oder muss ich verzichten? Welche Gewohnheiten sind in kleinen, griffigen Schritten anzugehen? Wie bekommt die *Hin-kehr*, die positive Entscheidung für den *Weg mit Jesus* Gestalt? Wie reich und alltäglich sind die positiven Gestalten: Teilen, Frieden, Verstehen, Geduld, Verzeihen, Beten, Danken usw. Wie wird das Nein zu einem Ja verwandelt, zu neuem Leben?

Wir möchten in der folgenden Einheit Anregungen für die Gestaltung des Aschermittwochs im Kindergarten, im Kindergottesdienst (als Wortgottes-Feier) oder in der Familie geben. Dabei stehen uns die beiden Grundaussagen vor Augen. *Asche ist ein Zeichen des Sterbens und Vergehens*, das die Frage mir aufprägt: Was brauche ich zum Leben? Was hat Bestand? Und die positive Gegenfrage: Was willst du Gott, der du eine *Frohe Botschaft für mich* hast?

Die Mitte und das Einfache

Der Weg zu diesen Fragen, die nicht sogleich beantwortet werden können, sondern Weg-fragen bleiben, ist die *Sammlung und Ordnung*. Das Vielerlei und Bunte der letzten Tage, das Ungeordnete und Zerstreuende, die Beliebigkeit auch vieler Tätigkeiten, all das wird abgehängt, weggelegt, und wir suchen neu *die Mitte, das Einfache*. Indem wir die Mitte finden, sammeln wir uns selbst, ordnen uns für uns und zugleich miteinander in den Kreis ein. Wir bereiten uns, um die einfache, klare Wahrheit zu hören: *Du bist von Staub. Ich rufe dich auf einen neuen Weg. Lebe mit mir!*

Kleine, konkrete Schritte

Die Erzieherin kann mit den Kindern am Ende überlegen, was sie in der Zeit bis Ostern tun wollen. Dieser Teil wirkt schwierig, weil bei den Erwachsenen, Erzieherinnen und Eltern, ein „Verzicht aus dem Glauben" in der Fastenzeit kaum mehr einen Stellenwert hat. Leben und Lebensgewohnheiten laufen weiter. Der Blick auf die tatsächlichen, konkreten Konsumgewohnheiten ist schwierig. Hier aber würde die Umkehr *griffig, greifbar, handfest, ernst,* hier wäre die *Einheit von äußerem Verhalten und inneren Einstellungen* zu stiften. Dabei verlangt die Treue der kleinen Schritte viel mehr Kraft als die einmalige großzügige Tat. Auf unserem ganzheitlichen, religionspädagogischen Weg sind uns gerade die kleinen Schritte sowohl *für den Zugang* zur (Jesus-)begegnung, als auch für die *Konsequenzen*, die Lebenshaltungen, wichtig.

Material

Reifen und Kugel
Tücher: 5 - 6 grün, 1 violett
Erde in einer größeren Tonschale,
Asche in einer kleineren Tonschale
(Bilder-)Bibel, kleine Glocke
leere Tonschale, Scheibe Brot in einem Tuch
Material zum Gestalten

Erlebnisgestalt: Wir empfangen das Aschenkreuz

1. Wir versammeln uns

Die Kinder sitzen im Stuhlkreis.
Wir suchen die Mitte in unserem Kreis.

- **Reifen** *und* **Kugel**

Ein Kind darf den Reifen in die Mitte legen.

Die Kugel wird im Reifen angestoßen, sodass sie am Innenrand des Reifens entlang rollt, kreist. Dort, wo sie liegen bleibt, kann das betreffende Kind die Kugel wieder in Schwung bringen.

Die Kugel rollt, wir schauen ihr mit den Augen zu, dann kommt sie zur Ruhe, findet ihren Platz, liegt still.
Jetzt können auch wir wie die Kugel werden: unsere Füße finden ihren Platz auf dem Boden,.... die Hände werden still auf den Beinen....

2. Wir gehen einen Weg zur Mitte

- *Die Erzieherin geht einen längeren* **Weg als Spirale** *zur Mitte.*

Wir können mit dem Zeigefinger den Weg nachzeichnen, den ich gegangen bin. – Alle machen langsam die Bewegung.

Jetzt geht ein Kind diesen Weg zur Mitte, den wir mit dem Finger gezeichnet haben. Dabei singen wir:

Hanni Neubauer

Lied

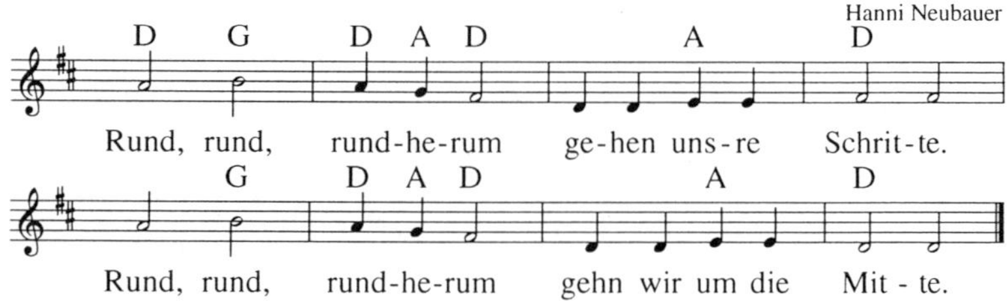

Mehrere Kinder gehen nacheinander den Weg.
Dabei machen die Kinder im Kreis zum Lied verschiedene Bewegungen: klatschen, stampfen mit den Füßen, patschen auf die Beine, stampfen und patschen gleichzeitig.

In diesem Gehen, Singen und Begleiten schwingen die Kinder sich in einen Rhythmus ein, sie ordnen die Bewegung, den Atem, sie ordnen sich miteinander in den Kreis ein und finden langsam zur Mitte.

❍ **grüne Tücher**

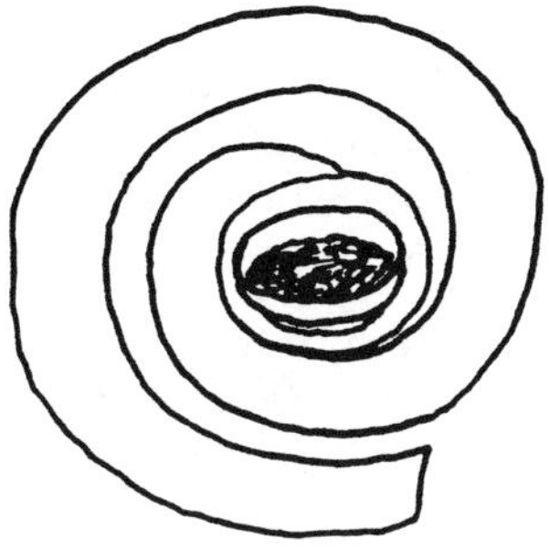

Wir legen mit den grünen Tüchern einen Spiralweg zur Mitte.

❍ **violettes Tuch, Tonschale mit Erde**

Die Erzieherin legt in den Reifen ein violettes Tuch.

Sie trägt auf dem Weg eine Schale mit Erde und stellt sie in die Mitte.

3. Wir schauen die Erde an

In unserer Mitte sehen wir Erde, ein wenig Erde. Sie ist von draußen genommen. Sie ist braun, liegt still da, noch wächst in ihr nichts. So liegen jetzt die Gärten und viele Felder still und brach. Es ist noch Winterzeit.

Wir schauen die Erde an. Sie ist still.
Wir können unsere Füße auf den Boden stellen,....
auf den Boden in diesem Haus, das auf der Erde steht, – still und fest....

❍ *Danach geht die Erzieherin still zur Erde und* **legt sacht die Hand** *auf die Erde. Die Kinder tun es auch.*

Wir haben uns der Erde zugeneigt, sind ihr nahe gekommen,
wir haben sie gespürt. Sie ist kühl.
Wir haben auf sie die Hand gelegt. Wir gehören zu ihr.
Es ist gut, dass die Erde uns trägt.

Da ist ein wenig Erde in unserem Kreis, aus dem Garten, von der weiten Erde genommen. Wir wissen, dass die weite Erde uns trägt, die vielen Menschen, die Bäume, die Tiere, die Häuser.... Sie trägt uns alle.

❍ *Eine kleine* **Tonschale mit Asche** *wird auf dem Weg zur Mitte getragen.*

Jetzt steht noch etwas in unserer Mitte: Asche. – Sie ist grau wie Staub.

Diese Asche ist übriggeblieben, als wir die Palmzweige vom letzten Jahr verbrannten, die an den Kreuzen in der Kirche hingen und sie schmückten.

Die Palmzweige sind im Feuer verbrannt, nur noch Asche. Die schönen Zweige sind vergangen.
Das erzählt uns die Asche: „Alles vergeht. Alles ist vergänglich."
Das Schöne, das Leuchtende, die duftenden Zweige, was groß geworden ist, auch das vergeht.

Gestern habt ihr noch bunte Kleider, Kostüme, Verkleidungen angezogen, unser Raum war mit Papierschlangen bunt geschmückt.
Auch die Faschingszeit vergeht.

4. Es beginnt eine neue Zeit

Jetzt beginnt eine neue Zeit.

- *Die Erzieherin streut* **mit Asche ein Kreuz** *über die Erde.*

Ein Zeichen sehen wir auf unserer Erde, das Kreuz aus Asche gestreut, das uns an Jesus erinnert.
Von ihm hören wir.

- *Die* **Jesuskerze** *wird entzündet.*

Jesus geht über die Erde. Er geht auf vielen Wegen zu den Menschen, in ihre Dörfer und Städte, in die Häuser und auf die Plätze.

- *Die Jesuskerze wird über den Weg in die Mitte getragen.*

Wenn er kommt, dann erzählt er ihnen von Gott.
Er sagt: Ich bin gekommen, um euch das Leben Gottes zu bringen.
Seine Worte machen froh. Sie sind eine frohe Botschaft.
Und was er tut, macht die Menschen froh,
denn er heilt die Kranken,
er legt ihnen die Hände auf, und sie werden gesund.

Er ruft den Menschen zu: Kehrt um!
Lasst das Böse und kommt zu mir!
Kehrt um! Schlagt nicht zurück, sondern vergebt einander!
Kehrt um! Sammelt nicht nur für euch, sondern teilt mit den Armen.
Kehrt um! Kommt zu mir und glaubt, dass Gott euer Vater im Himmel ist und jeden von euch liebt.

Kehrt um und glaubt an das Evangelium!

❍ *Eine* **(Bilder)bibel** *wird auf dem Weg in die Mitte getragen. Sie bleibt noch verschlossen.*

In diesem Buch ist das Evangelium aufgeschrieben, die Frohe Botschaft von Jesus, was er uns sagt und was er Gutes tut.

Manchmal ist es gar nicht leicht, auf Jesus zu hören. Wir hören auf tausend andere Dinge.
Wir hören und sehen so vieles. Und dann wollen wir es auch unbedingt haben.
Wir machen schnell ein böses Gesicht, wenn wir es nicht bekommen, wenn andere mehr bekommen als wir.
Und wo bleibt Jesus?

Mit der Asche haben wir auf die Erde ein Kreuz gestreut, das Zeichen Jesu.
Mit derselben Asche bekommen wir alle jetzt ein kleines Kreuz auf die Stirn gezeichnet.
Jesus kommt uns nahe, er bezeichnet uns.
Er sagt uns: Kehr um! Komm zu mir und höre auf das Evangelium.
Höre auf das, was ich dir sage. Vergiss mich nicht!

❍ *Die Erzieherin zeichnet jedem Kind langsam und deutlich ein* **Aschenkreuz** *auf die Stirn.*

„Empfange das Aschenkreuz.
Alles wird Asche.
Doch Jesus ruft dich: Geh mit mir!“

5. Wir gestalten den Weg

❍ **Material** *zum Gestalten wird bereitgestellt.*

Die Kinder gestalten auf dem Weg zur Mitte ein Zeichen von Jesus.

6. Was werden wir tun?

Mit dem Aschermittwoch, mit dem Aschenkreuz beginnt eine neue Zeit, die Fastenzeit. Wir bereiten Ostern vor. Das ist ein langer Weg, das sind noch viele Tage. In der Zeit werden wir von Jesus hören und ihn immer mehr kennen lernen. Was wird er uns sagen?
In dieser Zeit, der Fastenzeit, sollen wir uns miteinander Mühe geben, Freude zu bringen, Gutes zu tun.

Die Asche sagt uns: Du musst nicht alles haben. Was ist wichtig? Was gefällt Jesus? Höre auf Jesus und geh mit ihm!

- *Die Erzieherin trägt eine* **leere Schale** *auf den Weg.*

Eine leere Schale steht auf unserem Weg.
Sie wartet. Sie ist offen.
Was kannst du in sie hineinlegen?....

Wir halten die Hände wie eine offene Schale. Die Hände sagen: Wir warten.
Wir sind offen und möchten haben. Was möchten wir haben?....
Wie viel möchten wir?....

- *Gestik: etwas mit den Händen nehmen und an sich nehmen, und noch einmal und immer mehr nehmen, raffen....*

Wir möchten haben, haben und haben.
Können die Hände auch einmal leer bleiben?
Oder können die Hände auch etwas weggeben?

- *Gestik: die geschlossenen Hände vor sich halten und dann öffnen und ausstrecken: weggeben, anbieten.*

- *Die Erzieherin lässt eine* **Glocke** *erklingen.*

Der Ton verklingt. Wir werden still und denken daran:
Worauf kann ich verzichten?
Was kann ich weg-geben?....

- *Die Erzieherin legt eine* **Scheibe Brot** *auf einem Tuch auf den Weg.*

Wir sehen die Scheibe Brot auf einem schönen Tuch wie auf einem gedeckten Tisch.
Jeden Tag essen wir Brot, wir werden satt.
Wir wissen aber, dass nicht alle Menschen satt werden.

- *Das Brot wird geteilt, so dass jedes Kind ein Stück in die offene Hand empfängt.*

7. Gebet

Guter Jesus,
heute beginnen wir eine neue Zeit, die Fastenzeit,
die lange Zeit zum Osterfest.
Die Asche tragen wir auf unserer Stirn,
und du rufst uns zu: Kehrt um!
Hört auf mich und geht mit mir!

Gib uns Ohren, damit wir von dir hören,
gib uns Hände, die Gutes tun,
gib uns ein Herz, dass wir dich gern haben.

Guter Jesus,
wir wollen nicht alles festhalten – Gestik –.
Jetzt öffnen wir die Hände,
wir geben einander die Hand, – Kreis nacheinander schließen –
und bitten:
Hilf, dass das Böse weggeht
und Friede und Freundschaft unter uns sind.
Dank sei dir für diesen Tag.

Amen.

Jesus zieht in Jerusalem ein

Hosianna!

Mit dem Palmsonntag beginnen wir die Heilige Woche, in der wir besonders dicht den letzten Weg Jesu in den Tod und zur Auferstehung feiern, unser Heil. Der Anfang dieser Woche lässt allerdings zunächst nicht die *Kar*woche, die *Trauer*woche erkennen, wie wir sie im Deutschen nennen, denn alles singt: „Hosianna!" Die Gläubigen versammeln sich vor der Kirche, tragen Palmzweige in den Händen und nehmen den Ruf der Menschenmenge in Jerusalem auf, die Jesus beim Einzug zugesungen hat: „Hosianna, dem Sohne Davids. Hochgelobt sei, der da kommt im Namen des Herrn." Wer ist er, der da kommt? Was haben die Menschen zu erzählen? Welche Heilstaten haben sie erfahren? Bahnt sich eine Zeitenwende an? Kommt endlich der Messias? Werden die alten Verheißungen wahr, dass Gott sich seines Volkes erbarmt und seine Herrschaft aufrichtet? Welche Hoffnung setzen sie auf ihn, der predigend und heilend das Reich Gottes ankündigt und aufscheinen lässt? Diese Freude an Jesus, der Jubel über diesen Herrn und König soll am Festtag erklingen und Ausdruck finden. Die Kirche wird zur heiligen Stadt, in die Gott einzieht, um mitten unter seinem Volk zu wohnen.

Der Umschwung: Kreuzige ihn!

Dann aber folgt im selben Gottesdienst der Umschwung: die Leidensgeschichte wird erzählt. Jesus stirbt am Kreuz. Nicht mehr: „Hosianna!" rufen sie, sondern: „Kreuzige ihn!" Unerträgliche Spannung dieses Festtages!

Wenn wir den Weg Jesu schon längere Zeit mitgegangen sind, wissen wir um die Spannung. Wie oft und wie lange schon haben die Pharisäer und Herodianer die Köpfe zusammengesteckt und beraten, wie sie Jesus beseitigen könnten. Sie fürchteten aber immer auch das Volk, das ihn für einen großen Propheten hielt. Auch jetzt, bei seinem Einzug in Jerusalem wollen sie es nicht dulden, dass die Jünger und Anhänger ihm als König huldigen. „Verbiete es ihnen!" sagen sie. Doch er sagt: „Wenn sie schweigen, werden es die Steine hinausschreien."

Der Weg mit den Kindern

Mit den kleineren Kindern feiern wir besonders den ersten Teil der Liturgie, rücken also für den Palmsonntag den Einzug Jesu in den Mittelpunkt sowohl im Kindergarten, als auch im Kindergottesdienst. Die folgende Gestaltung ist auf den königlichen Einzug Jesu ausgerichtet, auf den Jubel, auf die Freude an ihm: Unser König kommt!

Wir binden vorbereitend dafür Palmzweige und legen sie später auf die Straße, bzw. auf die ausgebreiteten Kleider. Die Begeisterung der Menschen hatte ihren Grund, sie darf und soll auch uns ergreifen. Wir heben unsere Zweige jubelnd dem entgegen, von dem wir oft gehört haben, dass er Heil und Leben bringt, dem wir vertrauen können, der alles gut macht.

Wenn wir fragen, wo dieser König, der so bescheiden, demütig auf einem Esel daher kommt, denn seine Krone habe, dann werden wir Lichter um ihn stellen und ihm bekennen, dass wir sein Licht aufnehmen, dass unsere Freude wie eine Krone hinausstrahlt, wir selbst seine Krone sein wollen für die Welt. Unser König ist mitten unter uns.

Material

runde gelbe Decke, 80 - 100 cm ø
Tücher: 5 braun, 2 gelb, bunte Tücher für jedes Kind
ca. 12 Klötze und goldene Kugeln, 3 Seile
gebundene Palmzweige und Opferlichte für jedes Kind
Jesuskerze, 2 Bilder von Heilungen (Blinde, Taubstumme)
Dornenkrone auf einem Kissen.

Erlebnisgestalt: Jesus zieht in Jerusalem ein

Gestaltung in der Gruppe

1. Wir versammeln uns

❍ *Vor der Versammlung der Kinder, werden die* **Palmsträußchen** *gebunden, z.B. einige kleine Buchszweige mit einer Blume und einem schönen Band.*

Die Kinder versammeln sich im Stuhlkreis.
Sie werden eingeladen, sich ein buntes Tuch auszuwählen und unter ihren Stuhl zu legen. Dann erhalten sie auch noch ein Palmsträußchen.

❍ **gelbe, runde Decke**

Wir suchen die Mitte in unserem Kreis und legen eine gelbe, runde Decke in die Mitte.

Die helle, gelbe Mitte erinnert uns an die Sonne, die uns einen neuen Tag schenkt, die uns leuchtet, dass wir jedes Gesicht erkennen können.
Wir schauen, wer in unserem Kreis sitzt....

Wir verbinden uns wie eine Sonne oder eine leuchtende Krone.

2. Wir schmücken die Mitte

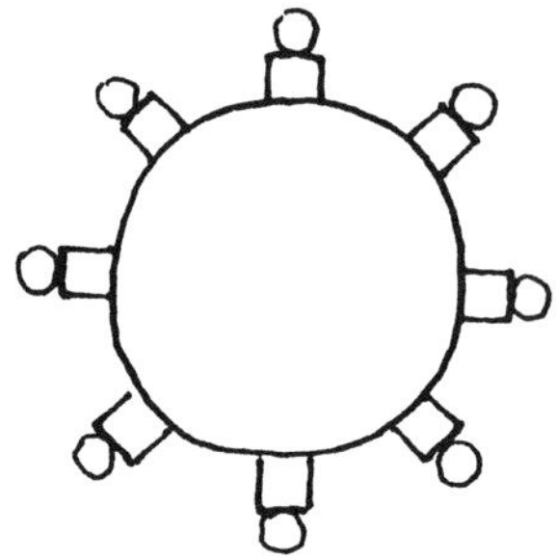

❍ **Klötze und goldene Kugeln**

Wir fassen unsere helle Mitte mit den Klötzen und den Kugeln darauf ein, wir umschließen sie.

Wir sehen eine Krone oder eine goldene Stadt. Wir verbinden uns wie.... eine goldene Krone....

T. u. M.: Franz Kett

Ruf

3. Wir machen uns auf den Weg zu dieser Stadt

Eine Stadt, eine besondere Stadt, vielleicht ein königliche Stadt liegt vor uns. Wir wollen zu ihr gehen. Straßen führen zu ihr.

❍ *Mit den* **5 braunen Tüchern** *werden 4 Wege gelegt, einer länger mit 2 Tüchern.*

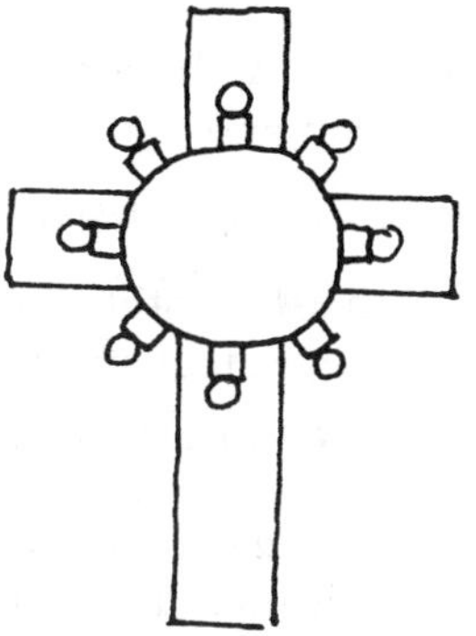

Aus allen Himmelsrichtungen führen Wege zu ihr. Eine Straße ist etwas länger.

Die Stadt hat eine Mauer, eine feste Mauer.

❍ *Alle bilden die Mauer,* **Händeschluss**.

Ruf ....eine feste Mauer wolln....

Die Stadt hat auch Tore. Nach allen Himmelsrichtungen: dort.... und dort.... und dort....

❍ *Die entsprechend sitzenden Kinder erheben die Arme und bilden zu zweit ein offenes Tor in der Mauer....*
Die Stadt hat ganz viele Tore – alle Kinder bilden Tore.

Am Morgen werden die Tore geöffnet – *Gestik* –, die Menschen gehen hinaus und hinein. Am Abend werden die Tore geschlossen – *Gestik: Hände senken* –, es wird dunkel, die Stadt wird still. Die Mauer ist geschlossen und fest. Die Menschen sollen es sicher haben und sich nicht fürchten. – *Hände wieder lösen.*

❍ *Mit* **3 Seilen** *werden 3 Tore gelegt.*

❍ *Mit* **2 gelben Tüchern**, *schmal zusammengelegt, wird ein Tor an den Anfang des langen Weges gelegt.*

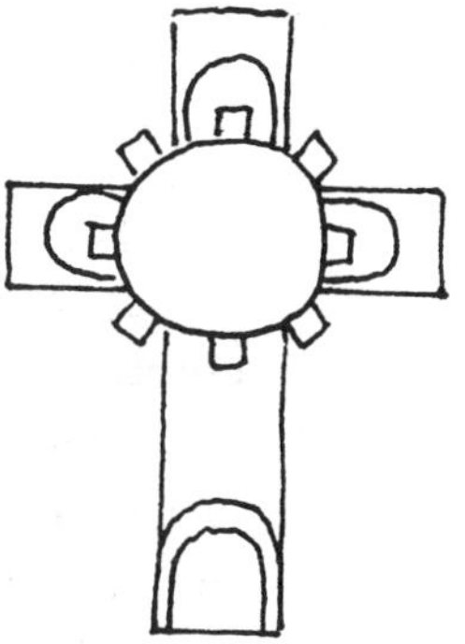

Ein Tor scheint ein besonderes Tor zu sein, vielleicht das goldene Tor....

4. Wir hören, was in der Stadt geschieht

Heute ist ein besonderer Tag.

❍ *Wir nehmen unsere bunten Tücher, die unter dem Stuhl liegen, und öffnen sie.*

❍ *Wir stehen auf und halten sie mit beiden Händen halbhoch im Kreis.*

Die Stadt ist geschmückt, bunt geschmückt. Wird ein Fest gefeiert?

Fahnen hängen aus den Fenstern.

- *Die Tücher werden entsprechend gehalten und auch bewegt.*

Was wird wohl in der Stadt los sein? Wer kommt? Kommt ein hoher Gast? Kommt ein König, für den die Fahnen und der bunte Schmuck leuchten?

- *Wir halten unsere Tücher mit beiden Händen in Augenhöhe.*

Noch ist es still. Manchmal schaut jemand hinter den bunten Tüchern hervor, schaut auf die Straße, noch ist alles still.

- *Wir setzen uns und legen unser Tuch über unsere Beine.*

Die Leute in der Stadt tragen lange Kleider, bunte Kleider wie im Orient, wie in Israel, lange Gewänder wie zu einem Fest.
Was ist in der Stadt los?

Wir hören von Jesus

Jesus ist mit seinen Freunden, den Jüngern, auf dem Weg nach Jerusalem.

- *Die Erzieherin entzündet die* **Jesuskerze**, *stellt sie zunächst noch vor sich hin.*

Er nähert sich der Stadt. Da bleibt er stehen
und sagt zu zweien seiner Freunde:
„Seht ihr dort das kleine Dorf Betfage?
Geht in das Dorf.
Wenn ihr hineinkommt, werdet ihr einen jungen Esel finden, auf dem noch niemand geritten ist, angebunden an einen Pflock.
Den bindet los und bringt ihn her."
Wenn der Besitzer des Esels fragt: „He, was bindet ihr meinen Esel los?",
dann sagt zu ihm: „Der Herr braucht ihn",
und er wird ihn euch überlassen."

Die beiden Freunde gehen in das Dorf.
Sie finden den Esel, angebunden an einen Pflock,
und binden ihn los.
Schon kommt der Besitzer und ruft: „He, was bindet ihr meinen Esel los?“
Da antworten sie: „Jesus braucht ihn.“
Und sie dürfen den Esel mitnehmen.

Sie bringen den Esel zu Jesus,
der setzt sich darauf, reitet so auf die Stadt Jerusalem zu.

❍ *Die Jesuskerze wird* **vor das goldene Tor** *gestellt.*

Da geschieht etwas Ungewöhnliches.
Viele Leute kommen aus der Stadt Jesus entgegen
und rufen etwas, das man noch nie gehört hat. Sie rufen:

Franz Kett

nur *KV*

Als sie so rufen, laufen noch mehr Menschen zusammen.
Sie kommen aus den Häusern und breiten ihre Kleider auf der Straße aus.

2. *Aus ihren Häusern, da kommen sie heraus.*
Auf der Straße breiten sie die Kleider aus.
Jesus soll unser König sein....

❍ *Die Kinder legen nacheinander ihr* **Tuch** *etwas zusammen und* **breiten** *es so auf den langen Weg.*

Andere Menschen brechen von den Bäumen und Sträuchern Zweige ab, sie heben sie hoch und winken Jesus zu.

❍ *Alle Kinder nehmen ihre* **Sträußchen und winkend** *singen sie den KV.*

3. *Von den Bäumen reißen ab sie Zweig und Ast,*
und sie winken Jesus zu wie einem hohen Gast.
Jesus soll unser König sein....

Was ist das für ein König? fragen die anderen Leute.
Der reitet ja auf einem Esel. Wo ist das stolze Pferd?
Was ist das für ein König? Der trägt keine Krone, der hat kein Zepter in der Hand.

4. *Nicht auf stolzem Pferd, auf einem Esel reitet er.*
Keine Krone und kein Zepter trägt der Herr.
Jesus soll unser König sein....

Was ist das für ein König? Wo steht sein Schloss? Wo ist das Gold? Wo sind seine Diener, die ihn bedienen?

5. *Jesus hat nicht Diener, er besitzt kein Schloss.*
Er ist arm, doch in der Liebe ist er groß.
Jesus soll unser König sein....

Die Leute singen und winken ihm zu.
So reitet Jesus in die Stadt Jerusalem ein.

❍ *Ein Kind trägt die* **Jesuskerze über die Kleider** *in die Mitte.*

Jesus soll unser König sein....

Was ist das für ein König? Was hat er denn getan? Da sagen die Leute: Jesus ist in der Liebe groß, und seine Worte haben Macht. Er hat unsere Kranken geheilt.

❍ *Bild: Die* **Heilung des Blinden** *wird in ein Tor links oder rechts gelegt.*

Dem Blinden hat er die Augen geöffnet: Du sollst wieder sehen!

❍ *Bild: Die* **Heilung des Taubstummen** *wird in das andere Tor gelegt.*

Zum Taubstummen hat er gesagt: Effata, öffne dich. Da wurde sein Ohr geöffnet. Er war wieder gesund. Die Traurigen hat er froh gemacht. In seiner Nähe war es gut.

6. *Blinde macht er sehend, Lahme lässt er wieder gehn.*
Wer im Herzen traurig ist, den möchte er verstehn.
Jesus soll unser König sein....

❍ *Die Kinder legen die* **Palmsträußchen** *auf die Kleider auf der langen Straße.*

Doch da sind auch andere Menschen, die wollen nicht, dass Jesus ihr König wird. Sie halten sich die Ohren zu, stecken die Köpfe zusammen und überlegen, wie sie ihn töten können.

Sie wollen für Jesus keine Krone aus Gold, sondern eine aus Dornen flechten.

❍ *Die* **Dornenkrone** *auf dem Kissen wird einem Kind gegeben. Es trägt sie einmal im Kreis und legt sie dann in das Tor dem langen Weg gegenüber.*

Jesus muss einen schweren Weg gehen.
Was ist das für ein König? Wo ist seine Krone?

Wir aber singen ihm zu: Jesus soll unser König sein....

Eine Krone leuchtet, strahlt und glänzt. Alle können ihren Glanz sehen und sich freuen. Können wir seine Krone sein?

❍ *Für jedes Kind wird ein* **Opferlicht** *an der Jesuskerze entzündet.*

❍ *Wir stehen auf und* **erheben** *die Lichter wie zu einer Krone.*

KV Jesus soll unser König sein....

Alle Menschen sollen es hören. Jesus ist unser König, sein Licht soll in der Welt leuchten – Die Kinder *drehen sich* mit vorgehaltenen Lichtern.

KV Jesus soll unser König sein....

Jesus liebt uns alle. Er soll unser König sein. – Lichter *zur Mitte hin* halten.

KV Jesus soll unser König sein....

6. Gebet

Jesus, du bist in Jerusalem eingezogen
wie ein König.
Deine Liebe ist groß, darum bist du der wahre König.
Du weißt, was wir brauchen.
Du liebst uns.
Schenke uns den Frieden,
lass uns eins sein.

Sei du mit deinem Licht in der Mitte
und mach uns alle froh.
Jesus, unser König. Amen.

❍ *Die Lichter werden um die Mitte oder zwischen die Klötze abgestellt.*

Wir fassen uns an den Händen, erheben die Hände. Wo ist die Krone? Wir sind die Krone für Jesus, wir gehören zu ihm. Er ist unser König.

KV Jesus soll unser König sein, Hosianna. Amen.

Nach der Kreuzverehrung Seite 63

Hanni Neubauer

2. Alles, was uns Sorgen macht, dürfen wir dir bringen.
Du bist da, du hältst zu uns, darum wolln wir singen:....

Palmsonntag
Wir gehen mit Jesus, unserem König und Heiland

Ein Familiengottesdienst

Die Feier des Palmsonntags leitet machtvoll und froh unseren Weg der Erlösung ein. Wir sollen uns ja rühmen im Kreuze unseres Herrn, die Liebe Gottes preisen. Wir gehen den letzten Weg Jesu nicht wie Menschen, die zufällig an einem schrecklichen Ereignis vorbeikommen, fassungslos den Kopf schütteln und weitergehen. Im Glauben gehen wir mit ihm durch seinen Tod seiner Auferstehung entgegen und blicken dankbar auf die Verheißung aus, dass auch wir mit ihm auferstehen werden.

Doch ist die Erfahrung unseres religiösen Lebens auch, dass das, was wir alle Jahre wieder hören, uns nicht mehr so anrührt, dass wir *mitgehen.* Wir lassen den Herrn allein gehen. Wenn auch der Weg Jesu sein Weg ist, den niemand ihm abnehmen oder gar ersetzen könnte, so muss er doch in der Liebe und Nachfolge unser Weg werden, Teilnahme an seinem Tod und Auferstehen.

Die folgenden Elemente für den Gottesdienst am Palmsonntag können helfen, den Jubel des Einzugs und die Wucht der Passion etwas mehr zum *Mitgehen* zu erschließen, besonders dort, wo die Kinder weder im Kindergarten noch in einem Kindergottesdienst eigens geführt werden.

Vorzubereiten sind

- Die Gemeinde versammelt sich vor der Kirche oder an einem anderen Ort. Die Kinder sollen in die Nähe des Kreuzes kommen.
- geschmücktes Kreuz, Kerzen, Rauchfass, Weihwasser
- 2 große Bilder:
  Jesus heilt den Blinden, Jesus heilt den Taubstummen
- Christusikone, 2 Palmen an langen Stecken
- in der Kirche:
  Dornenkrone, großes Bild: Antlitz Jesu, 2 schwarze Tücher,
  1 großer Stein
- Ständer für die beiden Bilder vor dem Altar
  2 Ständer für die 2 Palmen vor den Bildern

BEGRÜSSUNG

Im Namen des Vaters und....

Liebe Schwestern und Brüder,

die österliche Bußzeit geht ihrem Ende entgegen, bald hört das Fasten auf. Haben wir gefastet, verzichtet....?
Sollten wir denn fasten? Warum?
Erinnern wir uns: Mit der Asche, dem Aschenkreuz hatten wir begonnen. Bedenken sollten wir: Wer bin ich? Bewusst fragen sollten wir: Was soll ich tun? Wie komme ich zum Leben?

Die Antwort rief uns Jesus zu: „Bekehrt euch und glaubt an das Evangelium, an die Frohe Botschaft!"

Die Frohe Botschaft hat einen Namen: Jesus.
Die Fastenzeit geht zu Ende. Erfüllt sich jetzt die Frohe Botschaft? Kann Jesus jetzt kommen? Haben wir ihn mehr kennen- und liebengelernt?

Ja, Christus Jesus will kommen und in uns wohnen.
Heute zieht er ein in seine heilige Stadt Jerusalem,
heute beginnt er, in unser Herz und Leben einzuziehen:
Heilige Woche, weil der Heilige kommt.

Um ihn zu begrüßen, Christus, unseren Herrn und König,
tragen wir die Palmzweige in den Händen.

PALMWEIHE *Lasset uns beten.*
Allmächtiger Gott,
segne + diese grünen Zweige,
die Zeichen des Lebens und des Sieges,
mit denen wir Christus, unserem König, huldigen.
Mit Lobliedern begleiten wir ihn in seine heilige Stadt.
Gib, dass wir durch ihn
zum himmlischen Jerusalem gelangen,
der mit dir lebt und herrscht in Ewigkeit.

- *Mit Weihwasser werden die Zweige gesegnet..*
- *Weihrauch wird eingelegt.*

VERKÜNDIGUNG DES EVANGELIUMS

Lied der Kinder Jesus zieht in die Stadt Jerusalem ein, siehe oben.

vor der 4. Strophe Was ist das für ein König, der da einzieht?
P. Woran erkennen wir ihn?

vor der 5. Str. Was ist das für ein König, der da einzieht?
P. Wir erkennen ihn nicht. Er kommt so bescheiden.

vor der 6. Str. Was ist das für ein König, dem wir zujubeln?
P. In der Liebe ist er groß.
Er hat den Blinden die Augen geöffnet.

❍ *Ein großes Bild der Blindenheilung wird erhoben und einem Kind gegeben.*

Er hat zum Taubstummen gesagt: Effata! Öffne dich!

❍ *Ein großes Bild der Taubstummenheilung wird erhoben und einem Kind gegeben.*

Er hat die Kranken geheilt und neues Leben gebracht,
den Hungrigen das Brot gebrochen,
die Traurigen froh gemacht.

nach der 6. Str. Was ist das für ein König?

❍ *P. nimmt die Christus-Ikone*

Jesus Christus, unser Herr.
Hosianna, Jesus soll unser König sein.

Alle Jesus soll unser König sein. Hosianna. Amen.

EINZUG IN DIE KIRCHE

KREUZ – 2 KERZEN – WEIHRAUCH gehen voran, dann die Erwachsenen, erst danach die Kinder mit dem Priester.

Lied allgemeines Palmsonntagslied

Kinder bleiben im Mittelgang stehen, Ministranten und P. gehen zu den Plätzen

P. Liebe Kinder, liebe Gemeinde,
mit Palmzweigen in den Händen sind wir in das Haus Gottes eingezogen.
So rissen damals die Leute am Weg die Zweige von den Bäumen,
denn sie hörten: Jesus kommt!
Er kommt, der alles gut macht.

Jetzt werden die Kinder davon noch singen und dazu tanzen.
Die Freude soll sich in der ganzen Stadt verbreiten.

- *Die Katechetinnen, Erzieherinnen ziehen mit den Kindern zum Altar.*
- *Die großen Bilder werden vor dem Altar abgestellt.*

Lied, Tanz der Kinder z. B. Barbara Cratzius, Öffnet Tor und Türen weit, in: Frühling im Kindergarten

LESUNG Erste Lesung vom Fest: Phil 2, 5ff

ANTWORTGESANG Gemeindelied

PASSION Kurze Fassung aus der Mk-Passion

Während der Verkündigung hält der Verkündiger inne, damit Zeichen vorgetragen werden und die Gemeinde durch sie angesprochen werden kann.

Zeichen zur Verkündigung

Zuerst wird der Gegenstand genannt, den das Kind nimmt und trägt. – Pause. Dann bleibt das Kind noch stehen, bis die Deutung ausgesprochen ist. Erst danach stellt es den Gegenstand entsprechend hin.

Dornenkrone – Geißelung (Mk 15, 16ff.)

Lekt./Jug. Wir tragen die Dornenkrone nach vorn.

Kind *– trägt eine Dornenkrone nach vorn. –*

L. Wie oft haben die Menschen über Jesus gestaunt.
Einmal, als er die 5 Brote vermehrte
und 5000 Menschen satt wurden,
da wollten sie ihn voller Begeisterung
zum König machen.
Ist das alles jetzt vergessen?
Jetzt – wollen sie nichts mehr von ihm wissen.
Sie setzen ihm eine Krone aus Dornen auf.

Bild: Antlitz Jesu – Jesus wird verspottet.

Sie verspotteten ihn
Wir tragen ein Bild vor. – ....
Jesus wird verspottet. Welch ein Gesicht?

Schwarze Tücher – Jesus stirbt am Kreuz (Mk 15, 39)

Es wird dunkel. Jesus ist gestorben.

❍ *2 schwarze Tücher werden vorgetragen und vor dem "Antlitz Jesu" ausgebreitet.*

Es ist dunkel geworden,.... es ist still,.... totenstill....
Alles ist zu Ende....

Wir knien nieder.
Trauer und Dunkelheit erfüllt die Jünger....

Auch wir schweigen einen Moment,
wir denken an Jesus
und beten zu ihm, der für uns gestorben ist.

Alle schweigen einen Moment, dann singen sie ein Lied:

Lied Gemeinde, z. B. GL 182, 1. 6. - 8., O du hochheilig Kreuze

Stein – Alles ist zu Ende (Mk 15, 46)

Wir tragen einen Stein zum Grab.
– Der Stein wird vorgetragen.
Der Stein ist hart und ohne Gefühl.

Unbarmherzig hart ist der Tod,
niemand kann ihm entfliehen.
Wir müssen warten auf die Macht Gottes,
der die Toten zum neuen Leben erwecken wird.

FÜRBITTEN

P. *Jesus Christus, du liebst uns bis zum Ende am Kreuz.*
Das Kreuz ist das Zeichen deiner Liebe,
das Zeichen, in dem du unser König bist.

1. Jesus, unser König, du hast das Kreuz getragen.
Wir bitten dich für alle Christen,
die verfolgt werden:

Stärke sie und sei bei ihnen.

Ruf Danke, Jesus, für dein Kreuz, danke für dein Leben.

2. Du hast am Ölberg mit Tränen gebetet:
„Vater, dein Wille geschehe."
Wir bitten dich für alle, die in großer Not beten:

Erhöre ihr Gebet,
und führe sie aus dem Dunkel ins Licht.

3. Du wurdest von deinen Freunden verlassen.
Wir bitten dich für alle einsamen Menschen:

Sei ihnen nahe und tröste sie.

4. Jesus, du bist gekommen, nicht um zu herrschen,
sondern um uns zu dienen.
Wir bitten dich für uns und unsere Familien:

Hilf uns, dass wir dir folgen
und einander dienen.

5. Jesus, du bist der König des Friedens.
Nur die Liebe kann Frieden stiften.
Wir bitten dich für unser Land und alle Völker:

Schenke uns die Kraft, einander gut zu sein.
Schenke und bewahre uns den Frieden.

GABENBEREITUNG GL 537, 1. 2. 3., Das Heil der Welt

SANCTUS Gemeindelied

DANK GL 183

SCHLUSS Zum Schluss kann nochmals der Jubel des Palmsonntags anklingen, doch zugleich vertieft, weil dieser König uns alles bis zum Tod schenkt.

z. B. Singt Gott, jubelt ihm, denn er wird unser Retter sein (Kathi Stimmer, in: Lied der Hoffnung)

Jesus wird von einem Freund verraten

Wir gehen mit Jesus den Kreuzweg. Noch steht uns das Kreuz nicht vor Augen, sondern der Weg dahin, wie Menschen es vorbereiten, sich dazu verhalten. Wo werden wir selbst wohl stehen? Wir gehen den Weg, als wäre er noch nicht fertig. Unser Leben, unsere Erfahrungen sollen mit anklingen. Denn Jesus geht einen Weg für uns, und wir brechen auf, um mit ihm zu gehen, mitzufühlen, Anteil zu nehmen.

Wir wählen für unseren Weg Stationen aus, die teilweise weder für Kinder noch für Erwachsene die üblichen sind. Die erste Station: *Jesus wird von einem Freund verraten,* hat in unserer Welt eine große Bedeutung. Vielleicht verbinden wir mit Verrat das Weitergeben geheimer Dokumente, denken an Spionage und an Verfolgungszeiten, doch das hat bei den Kindern und uns keinen existentiellen Platz. Aber der Verrat, in dem die Freundschaft ins Gegenteil verkehrt wird, Freundschaft und Lebenswissen über den Freund und Meister ausgenutzt werden und sich jemand einen Vorteil und Gewinn verschafft und den Freund fallen lässt, das ist uns nah.

Kinder geraten in Konflikte, wenn ihnen angedroht wird: Das darfst du der Mutti, dem Vati nicht sagen. Ich geb dir etwas, wenn du es nicht weitersagst. Wie oft sind Kinder hineingezogen in Misstrauen, Eifersucht, Elternstreit, Familientragödien, werden belohnt, umworben, damit sie auf der „richtigen Seite" stehen? Erpressung und Mobbing sind in der Schule nicht selten.

Wir gehen den Weg mit Jesus. Wir rechtfertigen und erklären nicht den Verrat des Judas, fragen nicht nach möglichen Motiven, die vielleicht um ein anderes Messiasbild gekreist haben könnten. Wir bleiben bei den offensichtlichen Aussagen: „Freund, mit einem Kuss verrätst du mich", und dass er Jesus für 30 Silberlinge ausliefert.

Wir möchten in den kleinen Übungen die Kinder sensibilisieren, dass sie *hören* können, was Jesus widerfährt, und dass sie aus der Begegnung mit Jesus *gestärkt* werden, Nöte ihres Lebens und der Umgebung wahrzunehmen und auch zu Jesus hinzutragen. Wir sind nicht allein. Wir gehen mit Jesus und er mit uns.

Material

runde, gelbe Decke, (vergoldete) Klötze und goldene Kugeln
Leinensäckchen mit Geldstücken gefüllt, nicht zu leicht
Tücher: 3 - 4 braun, 1 schwarz
Scheibe Brot auf schönem Tuch, Fessel
Jesuskerze, Opferlichte für jedes Kind

1. Wir versammeln uns

❍ *Wir legen in die Mitte des Stuhlkreises eine* **runde gelbe Decke**.

Wir verbinden uns um unsere Mitte.

Franz Kett

Lied

❍ **Goldene Klötze und Kugeln**

Wir schmücken die Mitte mit goldenen Klötzen und goldenen Kugeln. Wir erinnern uns. Wo haben wir schon so etwas gesehen? Wir waren in einen Tempel gegangen, in die Stadt Jerusalem,.... Wir erinnern uns an den Einzug Jesu in Jerusalem....

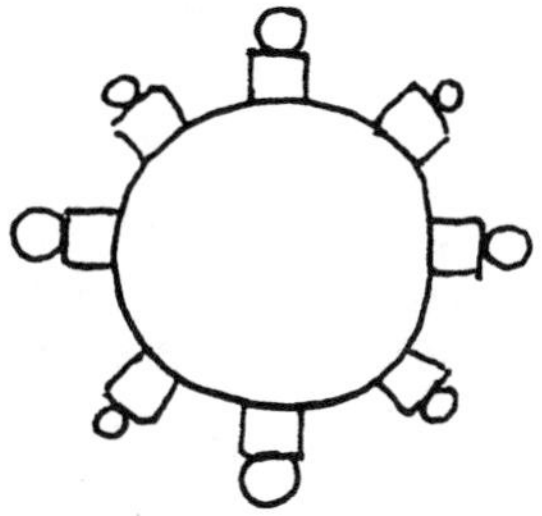

2. Geld ist in der Mitte

Wir lassen die Augen zufallen. Wir stellen uns die helle, schöne Mitte vor, die goldenen Klötze, Kugeln, die herrlichen Säulen. Was soll in diese Mitte kommen?.... – *Die Augen wieder öffnen.*

❍ **Leinensäckchen mit Geldstücken, zugebunden**

Die Erzieherin legt einen kleinen Leinensack mit Geldstücken in die Mitte.

Sie klappert mit dem Geld.
Ein Kind kann den Beutel einmal im Kreis tragen. Er hat ein Gewicht. Wie viel Geld mag darin sein?

Ein Kind öffnet den Sack und fasst hinein. Es darf etwas im Geld „wühlen".

Geld, viel Geld ist im Sack.

Die Erzieherin kommt mit den Kindern ins Gespräch:
Was können wir mit dem vielen Geld machen?....
Was können wir damit kaufen? Wie und wann bekommen wir Geld?

❍ *Mit* **braunen Tüchern** *wird ein Weg als kurze Spirale zur Mitte gelegt.*

3. Wir hören von Jesus

❍ *Die* **Jesuskerze** *wird entzündet. Die Erzieherin behält sie noch bei sich.*

Wir kennen Jesus und wissen, wie er durch das Land zog. Auf seinem Weg rief er einige mit Namen: „Kommt und geht mit mir!" Sie hörten seinen Ruf und gingen mit ihm, sie wurden seine Freunde, die zwölf Apostel.

Tag für Tag waren sie bei ihm, sie sahen was er tat: Er heilte die Kranken. Sie hörten seine Rede, seine Worte, die Macht hatten.
Er sprach von Gott, seinem Vater im Himmel.
Sie lernten bei ihm beten: Vater unser im Himmel.

Sie waren ganz und gar mit Jesus vertraut, wahre Freunde.
Und sie glaubten: Jesus, du bist von Gott gekommen,
du bist der Sohn Gottes, unser Heiland.

Nun zieht Jesus nach Jerusalem hinauf. Auf einem Esel reitet er in die Stadt. Die Menschen erkennen ihn und rufen ihm laut zu: „Jesus soll unser König sein. Hosianna. Amen."

Alle Jesus soll unser König sein. Hosianna. Amen.

Doch, so hatten wir gehört, es gibt auch einige,
– sie heißen Pharisäer –, und der Hohepriester,
die glauben nicht, dass Jesus von Gott kommt.
Sie denken, Jesus redet Unerhörtes.
Er kann nicht von Gott kommen, denn er isst mit den Sündern,
mit den Zöllnern, mit Menschen, die Böses tun.
Wie kann er sie nur lieb haben, ihnen nachgehen?
Nein, diesen Jesus müssen wir beseitigen, ihn töten.
Ja, Jesus hat auch Feinde.

Unter seinen zwölf Freunden ist Judas.
Judas hat die Kasse, er verwaltet das Geld.
Er geht zu den Pharisäern und sagt:
„Was gebt ihr mir, wenn ich euch Jesus ausliefere?"
Sie sagen: „Wir geben dir 30 Silberstücke."

Da sucht Judas eine günstige Gelegenheit,
um Jesus an sie auszuliefern.

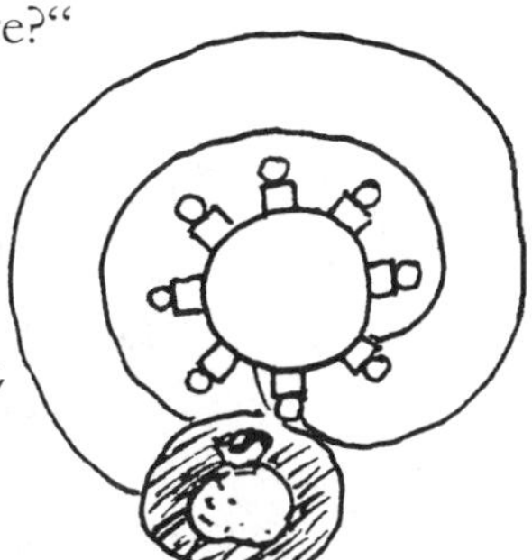

❍ *Die Erzieherin legt ein* **schwarzes Tuch**, *rund geformt, an den Anfang des Weges, darauf den* **Geldsack**.

Jesus sagt zu zwei Freunden:
„Geht in die Stadt und bereitet den Festsaal.
Heute Abend will ich mit euch das Paschafest feiern."
Das ist ein hoher Festtag für ganz Israel.

Sie bereiten alles für das Festmahl, das Paschafest.

❍ *Eine* **Scheibe Brot** *auf einem schönen Tuch wird in die Mitte getragen.*

Am Abend, als die Sonne untergegangen ist,
kommt Jesus mit allen anderen.

❍ *Die* **Jesuskerze** *wird in die Mitte getragen*

Jesus weiß, dass seine letzte Stunde kommen wird,
dass ein schwerer, dunkler Weg vor ihm liegt.
Er liebt seine Jünger. Und weil er sie so gern hat,
tut er ihnen etwas Besonderes.
Er macht sich vor ihnen klein und wäscht jedem die Füße.

Dann sagt er: „Einer von euch wird mich in dieser Nacht verraten."
Da sind seine Freunde ganz bestürzt;
sie schauen in der Runde herum und sagen: „Bin ich es?"
Und jeder fragt Jesus: „Bin ich es?"

Jesus sagt: „Einer, der mit mir vom selben Brot ist."
Und Jesus nimmt das Brot,

❍ *Das* **Brot** *wird gebrochen und wieder hingelegt.*

bricht davon ab und gibt es dem Judas.
Und alle essen miteinander.

Dann sagt Jesus: „Lasst uns hinausgehen."
Sie gehen hinaus. Es ist dunkle Nacht.
Sie gehen in den Ölberggarten.

❍ **Jesuskerze** *wird in das Dunkel zum Geldsack gestellt.*

Da kommt große Angst über Jesus.
Er betet zum Vater im Himmel:
„Vater, lass den schweren Kelch, alles Böse und Dunkle,
an mir vorübergehen.
doch nicht mein Wille, sondern dein Wille soll geschehen."

Und da geschieht es: Noch durch die Nacht kommt Judas mit Soldaten und den Knechten der Pharisäer.
Sie kommen mit Knüppeln, Schwertern und Fackeln.
Judas geht auf Jesus zu – und küsst ihn.

Jesus sagt: „Freund,
mit einem Kuss verrätst du den Menschensohn."
Da kommen die Soldaten und nehmen Jesus fest.

❍ *Eine* **Fessel** *wird um die Kerze gelegt.*

4. Wir beten

❍ *Den Kindern werden* **Opferlichte** *gegeben.*

Jesus, du bist in die Nacht gegangen.
Große Angst kam über dich.
Und ein Freund hat dich verraten – für 30 Silberstücke.

Alles Gute, das du getan hast,
hat er vergessen, alle Freundschaft war vorbei.

Jesus, wir stellen unsere Lichter um dein Licht....

Wir bitten dich für alle, die verraten werden,
für alle, die in großer Angst sind,
weil sie plötzlich allein gelassen werden,
für alle, die anderen helfen und dann ausgenutzt werden,
zu denen niemand mehr sagt: Danke schön!....
Wir bitten auch für alle, die erst freundlich erscheinen
und dann Böses tun. Verwandle ihr Herz!

Jesus, wir danken dir, dass du da bist. Amen.

Jesus wird von Petrus verleugnet

Was geschieht auf dem Kreuzweg, auf dem alle Freundschaft sich verdunkelt und wie vergessen scheint? Ein Jünger der ersten Stunden, der um Jesu willen alles verlassen hatte, verlässt den Meister. Petrus, der Haus, Boot und Netze, Frau und Kinder geringachtete, um Jesus zu gewinnen, lässt die Beziehung fallen. Der Eifrige, der als erster sich zum Gottes Sohn bekannte, leugnet seine Glaubenseinsicht. Einer, der Schritt für Schritt hinter Jesus herging und selbst über das unsichere Wasser zu gehen wagte, will untertauchen, als andere seine Zugehörigkeit zum ohnmächtigen Jesus aufdecken: Ich kenne ihn nicht! Ich weiß nicht, wovon ihr redet. Nein!

Ist das eine Geschichte für Kinder? Die Frage ist überflüssig, denn diese Geschichte ist Alltag. Sich herausreden mit verschämter Stimme oder lautstark es von sich weisen: „Ich war das nicht!", das kennen wir. Es enttäuscht die Eltern, die ja gar nicht unbedingt strafen wollen. Hat mein Kind kein Vertrauen zu mir? Warum sagt es uns nicht alles? Es stört die Beziehungen im Kindergarten, die Gefahr wird groß, dass ein falsches Kind für eine Tat verdächtigt wird.

Ob ein Kind freilich einen Freund verleugnen wird, bleibt offen. Kinder freuen sich eher, wenn eine Beziehung erkannt wird, sie bergen sich im Schutz anderer. Gerade aber weil sie mit so viel Vertrauen und Anhänglichkeit, mit kindlichem Gemüt in den Beziehungen leben, klingt die Erzählung von der Verleugnung ungeheurer. Das darf nicht sein! Es kann für die Kinder, wenn sie mitgehen, tröstlich sein, dass Petrus am Schluss hinausgeht und bitterlich weint. Es wird alles gut werden.

In der Nacht, noch vor dem hellen Tag, ehe der Hahn krähte, geschah die Verleugnung. Auch das war Stunde der Finsternis, in die der Herr ging. Der Hahn, der den Tag ankündigt, weckt uns auf, ruft uns aus der Finsternis in das Licht der Wahrheit. Er ist oft auf den Kirchtürmen zu sehen. Er ruft in den Morgen, dass die Stunde dem Herrn gehört; er ruft zur Wahrheit, uns zum Herrn zu bekennen; er mahnt uns, den Herrn nicht zu verleugnen: „Auch du gehörst zu ihm." Für uns Erwachsene ist dieser Ruf oft keine geringere Herausforderung als für Petrus.

Methodisch stellt diese Erzählung keine Erfahrungen bereit, die in der Gruppe eröffnet werden könnten. Die Verleugnung ist ein verbaler Akt, ein Wort. Wir können aber für die Kinder den Umkreis bereiten, dass dieses Wort klingen kann. Da ist die Dunkelheit, die Nacht des Verrates; ein Tor der lebendigen Beziehungen ist verschlossen, Einsamkeit, eine Atmosphäre des Wachens in der Nacht, Zusammenrücken, Erwartung, was geschehen wird. In diese Nacht klingt der kurze Dialog und das harte Nein: „Ich kenne diesen Menschen nicht!"

> **Material**
>
> Tücher: 4 dunkelbraun, 2 - 3 schwarz, 1 rot
> rote Stoffstreifen, Holzstücke, Opferlichte (in rotem Glas, nicht in Blech)
> Jesuskerze, Bild: Der Hahn kräht (Mappe 2001/4), Gestaltungsmaterial

1. Wir versammeln uns

❍ **4 braune Tücher**

Wir legen mit 4 braunen Tüchern eine Fläche in den Stuhlkreis und formen diese rund.

Wir versammeln uns mit den Füßen im Rund....

Die Erde sieht dunkel aus. Es ist still. Wir sind aus dem Garten weggegangen. Es ist Nacht, kein Vogel singt, die Menschen schweigen.

2. Wir hören von Jesus

❍ **2 oder 3 schwarze Tücher**

Auf diese braune Fläche legen wir mit den schwarzen Tüchern ein Tor.
Da liegt ein Tor, schwarz und verschlossen. – *Gestik*

Wir hatten gehört, dass Judas Jesus verrät.
Die Soldaten nehmen ihn gefangen und führen ihn weg. Es ist Nacht.

❍ *Die* **Jesuskerze** *wird entzündet und in das Tor gestellt.*

Sie führen Jesus vor den Richter, zu Pilatus.
Die Jünger aber fliehen alle.

Draußen beim Palast des Pilatus, wohin man Jesus führt, ist ein Hof. Dort haben die Soldaten ein Feuer angezündet

❍ *Ein* **Feuer wird dargestellt**, *z. B. rote Stoffstreifen, Hölzer, darauf einige rote Opferlichte.*

Die Soldaten wärmen sich. Auch die Diener und Mägde des Hohenpriesters sind dort, kommen und gehen.

Alle Jünger sind geflohen, nur Petrus geht langsam hinterher, geht bis in den Hof. Er setzt sich zu den Soldaten ans Feuer und wärmt sich.
Die Leute reden über alles, was geschehen ist.
Dann schweigen sie wieder, schauen ins Feuer, in die rote Glut.

Da kommt eine Magd vorbei, sieht den Petrus und sagt:
„Der war auch mit dem Jesus zusammen."
Petrus erwidert: „Frau, ich kenne ihn nicht!"
Kurz danach kommt ein anderer vorbei, sieht Petrus und sagt:
„Du gehörst auch zu diesem Jesus."
Petrus sagt: „Nein, Mensch, ich nicht!"
Die Zeit vergeht. Eine Stunde später kommt ein Dritter vorüber und sagt: „Wahrhaftig, du warst auch bei ihm. Deine Sprache verrät dich ja."
Da fängt Petrus an zu fluchen und zu schwören: „Nein, ich kenne den Menschen nicht!"

Sogleich kräht der Hahn.
Da erinnert sich Petrus, dass Jesus in der letzten Nacht zu ihm gesagt hatte: „Petrus,
ehe der Hahn kräht, wirst du mich dreimal verleugnen,
wirst du dreimal sagen, dass du mich nicht kennst."

Und Petrus geht hinaus und weint bitterlich. Es tut ihm tief im Herzen leid.

○ *Das* **Bild „Der Hahn kräht"** *aus der Mappe wird in das Tor gelegt.*

3. Gebet

Guter Jesus,
Petrus war lange mit dir gegangen,
er war dein Freund.
Doch in dieser dunklen Nacht hat er dich verleugnet,
er hat gesagt: „Ich kenne Jesus nicht!"
Er hat Angst gehabt.
Aber dann hat es ihm leid getan.

Guter Jesus,
wir sehen, welch schweren Weg du gehst.
Wir wollen nicht weglaufen,
wir wollen mit dir gehen.
Schenke uns die Liebe,
dass wir dich nicht allein lassen.

Und wenn wir Angst haben und es dunkel wird,
dann sei du auch bei uns.
Amen.

4. Wir gestalten ein Zeichen für Jesus

○ **Material** *wird bereitgestellt, das Freude und Wärme ausdrücken kann.*

Die Kinder gestalten auf das dunkle Tor ein Zeichen, dass sie Jesus gern haben.

Mit Dornen gekrönt, verspottet und verhöhnt

Diese Erfahrung Jesu dürfte uns allen sehr nahe sein. Wer kennt das nicht: verspottet werden, ausgelacht, dass sie mit dem Finger auf einen zeigen, ein Kind hänseln? Wie schnell geschieht es, sodass man meint, es geschähe ohne böse Absicht. Man macht Witze und abschätzige Bemerkungen über den, der ungeschickt ist, schlechte Leistungen bringt, der keine Markenkleidung trägt. Trotz aller Hilfen für Behinderte können Menschen über Behinderte erbarmungslos lästern, lachen, sich lustig machen.

Auch Kinder können grausam mit anderen umgehen. Kinder sozial geringerer Schichten erfahren es am häufigsten, Ausländer sind davon betroffen. Im Kindergarten ist eine große Chance, durch die Beziehung zur Erzieherin solches zu verhindern und die Achtung, den guten Umgang miteinander einzuüben. In der *persönlichen Beziehung* steht die Person stärker im Vordergrund als Leistung und Eigenart, Können und Aussehen. Auch der Kreis fördert die Gemeinschaft, im Kreis ordnen sich die Kinder ein und müssen sich selbst langsam zurücknehmen. Weil alle da sind, rundet sich der Kreis. Schließlich sind auf einem *ganzheitlichen* pädagogischen Weg der Blick für das Kleine, der gute Umgang mit der Schöpfung, die Grundhaltungen von Empfangen und Geben *nicht nur* Worte oder Befehle, *sondern Vollzüge*, Lebens- und Erlebensweisen, in denen sich die Persönlichkeit entfaltet und zu guter Begegnung fähig wird.

Wir hören in dieser kurzen Einheit von Jesus, dem die Menschen einmal zugesungen haben: Er soll unser König sein, und dem sie nun alle Würde und Ehre nehmen. Und Jesus trägt es für uns.

Damit dieser menschenverachtende Spott gehört werden kann, beginnen wir den Weg umgekehrt, nämlich von der Würde, vom königlichen Menschen her. Die Erzählung lässt uns diese Erfahrung entfalten: den deutlichen Blick auf die königliche Würde. Wir möchten Jesus ja seine Würde anerkennen, ihn lieben und ehren.

Material
Hocker mit rotem Tuch Tücher: 2 - 3 dunkelbraun, 2 - 3 schwarz, Fessel, roter Umhang, Dornenkrone auf Samtkissen 5 Rosen, mehrere Dornenzweige rote Bänder, Chiffontücher, ausgewähltes Gestaltungsmaterial

1. Wir versammeln uns

Die Kinder sind im Stuhlkreis versammelt.

❍ *Ein* **Hocker** *wird in die Mitte gestellt und mit einem* **roten Tuch** *bedeckt.*

Da steht ein besonderer Stuhl in unserem Kreis, mit einem roten Tuch geschmückt, festlich und königlich.
Ein Kind darf sich auf den Hocker setzen und die Augen zufallen lassen.

Während das Kind mit geschlossenen Augen da sitzt, verändert sich der Kreis. Wenn es wieder still geworden ist, soll es seine Augen öffnen.
Dann singen ihm alle zu:

Klaus Gräske

Dies wird einige Male wiederholt.

Was geschieht hier ohne Erklärung? Die Kinder im Kreis schenken dem einen Kind Ansehen und Würde, singen ihm zu: Schön, dass du da bist. Das Kind in der Mitte liefert sich aus, wartet, bis ihm das Ansehen geschenkt wird.
Es ist eine gute Beziehung, denn das Kind in der Mitte wartet auf das Stillwerden

der Kinder außen – die außen warten, dass sie singen dürfen. Hinhorchen und hinschauen, warten, erwarten, vertrauen und zusingen tragen die Beziehung.

2. Wir hören von Jesus

❍ **Dunkelbraune und schwarze Tücher**

Um den Thron werden die dunklen Tücher ausgebreitet.

❍ *Die* **Jesuskerze** *wird entzündet.*

Jesus wurde im Garten verraten und dann durch die Nacht weggeführt.
Die Soldaten und Anführer führten ihn vor den Richter, der Pilatus hieß.

❍ *Die Jesuskerze wird* **vor den Thron** *gestellt.*

❍ **Fessel**

Eine Fessel wird um die Jesuskerze gelegt.

Da steht er nun gefesselt vor Pilatus.

Pilatus fragt: „Bist du ein König?"
Jesus antwortet: „Du sagst es. Ja, ich bin ein König."

Pilatus wundert sich und fragt: „Wo ist dein Königreich?"
Jesus sagt: „Mein Königreich ist nicht von dieser Welt,
sonst würden meine Leute für mich kämpfen.
Aber ich brauche nicht Schwert oder Knüppel."

Pilatus sagt zu den Leuten:
„Ich finde keine Schuld an ihm."

Die Menge aber schreit: „Ans Kreuz mit ihm,
ans Kreuz mit ihm!
Wenn du ihn nicht auslieferst, bist du kein Freund des Kaisers."

Da bekommt Pilatus Angst. Und um dem Volk einen Gefallen zu tun, lässt er Jesus geißeln.

❍ *Eine* **Geißel** *wird in das Dunkel dazugelegt.*

Dann legen ihm die Soldaten einen purpurroten Mantel um.

❍ *Ein* **roter Umhang** *wird auf dem Thron ausgebreitet.*

Und sie setzen ihm eine Krone aus Dornen auf.

❍ *Eine* **Dornenkrone** *auf einem dunkelroten Kissen wird auf den Thron gelegt.*

Dann schlagen sie ihn, spucken ihm ins Gesicht. Sie verspotten und verhöhnen ihn, sie sagen:
„Sei gegrüßt, du, unser König!"

3. Wir beten zu Jesus

Guter Jesus, oft haben die Menschen gesagt:
Bleib bei uns, es ist gut, dass du da bist.
Heute aber wirst du verspottet.
Die Menschen sind gemein zu dir.

Wir aber wissen, dass du uns liebst,
dass du allen Menschen Gutes tust.
Dafür danken wir dir.

❍ **5 Rosen** *werden in den Dornenkranz gelegt.*

Danke für deinen guten Blick.
Du hast Mitleid mit den Menschen.

Franz Kett

Danke für deine guten Hände.
du heilst die Kranken und segnest die Kinder.

Danke für deine Worte.
Du machst uns froh und nennst uns deine Freunde.

Danke für deine Liebe.
Du erträgst alles Schwere und Böse für uns.

Danke, dass wir dich kennen.
Du bist da, damit auch wir einander gut sind.

❍ **Mehrere Dornzweige** *werden rund um den Thron ins Dunkel gelegt.*

Jesus wird verspottet.
Auch heute werden Menschen ausgelacht, verspottet, gehänselt, sind Menschen gemein zueinander.

Für diese Menschen wollen wir Jesus bitten,
wir bringen sie zu Jesus, dass er ihnen Kraft gibt
und tröstet.

Wir bitten für die Kinder, die ausgelacht werden.

Wir bitten für die Kinder, auf die wir mit dem Finger zeigen.

Wir bitten für die Kinder, die geschlagen werden.

Wir bitten für die Kinder, die niemand mag, die nicht mitspielen dürfen.....

4. Wir gestalten Rosen

❍ **Ausgewähltes Material** *wird bereitgestellt.*

Die Kinder gestalten zu den Dornzweigen Rosen mit Bändern oder anderem Material, Zeichen der Liebe für andere Kinder.

Für die Kreuzverehrung Seite 62

Franz Kett

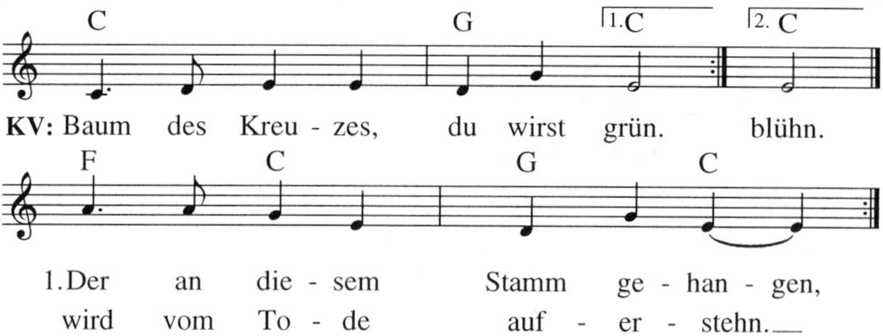

2. Unser Herr wird Sieger sein / und uns all vom Tod befrein.
3. Ja, der Tod ist überwunden, / ja, der Tod, er wird bezwungen.
4. Groß und stark ist unser Gott, / er besiegt das Leid, den Tod.

Wir helfen Jesus das Kreuz tragen
Ein Familiengottesdienst

Der Gottesdienst wurde vom Kindergottesdienstkreis der Pfarrei Mariä Himmelfahrt in Spabrücken gestaltet.

Vorzubereiten sind

- großes Holzkreuz aus Rundholz. Wichtig: damit es *hinterher geschleppt* werden kann, muss es erheblich länger sein als die Person, die es trägt.
  Am Kreuz ist ein Haken, um später den Korpus zu befestigen.
- Ständer für das Kreuz
- 4 kleine, handgroße Kreuze aus (rotem) Karton
  Fessel, Geißel, Dornenkrone, Säckchen mit Geldstücken
  4 große Nägel, Hammer
- Handbilder: „Simon hilft Jesus das Kreuz tragen", z. B. RPA-Verlag
- angemessen großer Korpus

EINZUG

Der Priester und die Ministranten ziehen in Stille ein, gehen zu ihren Plätzen.

Durch den Mittelgang (je nach Kirchbau) kommt langsam einer Schritt für Schritt und trägt das schwere Holzkreuz über der Schulter. Er stellt es schweigend im Altarraum auf. Evtl. kann ein Jugendlicher schweigend noch mit zwei oder drei Holzkeilen das Kreuz im Ständer festschlagen.

P. Da hat einer (oder N.) ein großes, schweres Kreuz in die Kirche getragen. Jetzt steht es da, aufgerichtet, vor uns. So stehen an vielen Orten Kreuze....
Und wir sagen: Das Kreuz hat etwas mit Gott und mit mir zu tun. Ja, das sagen wir, selbst ohne Worte – wenn wir nämlich das Kreuz-Zeichen über uns zeichnen. So beginnen wir jetzt:

Im Namen des Vaters und des Sohnes und des Heiligen Geistes. Amen.

P. Das Kreuz wurde hereingetragen,
und niemand ist aufgesprungen und hat es mitgetragen.

Niemand hat ihn gehindert, es hereinzutragen: Was soll das? Das gehört doch oben ans Feld, an den Waldweg....

Niemand hat die Nase gerümpft: Wie häßlich! Ein so grobes Kreuz! Das Kreuz am Grab meiner Großmutter ist viel schöner.

Hat jemand vielleicht gedacht: Mein Kreuz ist viel schöner, das kleine, goldene um den Hals, das ich von der Erstkommunion habe?

Alle haben nur geschaut und sich gewundert, neugierig, wohin das wohl führt. Ein bisschen Sensation?

Dabei sagen viele Leute: „Mir tut das Kreuz weh," und fassen sich voll Schmerzen am Rücken. Denen ist es gar nicht mehr zum Lachen.
Wir sehen Menschen, kleine und große, die tragen ihre Lasten, sie sind gebeugt, traurig, wie gequält, sie mühen sich ab für die Familie oder schleppen eine schwere Krankheit mit. Wir sagen: „Jeder muss sein Kreuz tragen."

Ja, wir kennen das: „Wir tragen ein Kreuz."
Ich trage Lasten. Mich drückt etwas nieder. Ich trage ein Kreuz.

KYRIE

❍ *Nach jeder Aussage wird ein* **kleines, handgroßes Kreuz** *auf den Längsbalken des großen Kreuzes geheftet, beginnend von unterhalb des Querbalkens nach unten.*

1. Schüler *Bei uns in der Schule wird der Leistungsdruck immer größer.*
Täglich müssen wir uns beweisen.
Schlechte Noten lassen sich nicht erklären und schönreden.
Für manche wird diese Last zu groß.
Wir selbst haben dann keine Lust mehr, werden ungenießbar und anderen zur Last.

❍ *Das 1. Kreuz wird angeheftet. Danach singen alle den Kyrieruf*

Ruf ein vertrautes Kyrie, das sich im Rufen etwas entfaltet

2. *Eltern* — *Auf uns Eltern lastet die Sorge und Verantwortung für unsere Kinder.
In ihren Ängsten und Nöten suchen sie einen, der sie versteht,
wo sie ihre Last aussprechen, abladen oder teilen können.
Es ist manchmal schwer, nur zuzuhören, mitzutragen und keine perfekte Antwort zu haben.*

❍ *Das 2. Kreuz wird angeheftet. Danach singen alle den Kyrieruf.*

3. *Kind* — *Überall in der Welt gibt es Katastrophen, Überschwemmungen, Hunger, Krankheit und Erdbeben. Ein großes Kreuz für die leidenden Menschen.*

❍ *Das 3. Kreuz wird angeheftet. Danach singen alle den Kyrieruf.*

4. *Schüler* — *Wir verstehen uns nicht. Gehässigkeiten und Streit sind unter uns. Wir stempeln andere ab.
In der Welt Krieg und Mord, ein Volk vernichtet das andere.
Terror zerstört, bringt den Tod über unschuldige Menschen.
Wir Menschen werden einander zur Last, zum Kreuz, zum Unheil. Wer kann das ertragen?*

❍ *Das 4. Kreuz wird angeheftet. Danach singen alle den Kyrieruf.*

P. — *Allmächtiger Gott, erbarme dich über uns,
befreie uns von den Lasten, die uns niederdrücken
und von der Schuld, da wir selbst anderen Böses tun
und ihnen zur Last werden.
Befreie uns zu einem neuen Leben mit dir.
Durch Christus, unsern Herrn. Amen.*

Lied — Sag mir, was es ist. Siehe RPP 1989/1, S. 45.

TAGESGEBET — vom Sonntag

Überleitung zur Verkündigung

P. — Wir sehen das Kreuz. Groß steht es da. Jemand hat es hereingetragen, das schwere Kreuz hereingeschleppt.
Wir haben schon daran gedacht, dass auch wir ein Kreuz tragen, Lasten tragen.

Niemand könnte alles aufzählen, was wir schleppen, worunter wir leiden, was uns zu schaffen, schwer zu schaffen macht.

Wenn wir dieses Kreuz sehen, werden wir auch an Jesus denken. Was hat es uns von ihm zu sagen?

Evangeliumsprozession, Verkündigung beim Kreuz

EVANGELIUM Mt 27, 31b-32

Dann führten sie Jesus hinaus, um ihn zu kreuzigen.
Auf dem Weg trafen sie einen Mann aus Cyrene namens Simon;
ihn zwangen sie, Jesus das Kreuz zu tragen.
So kamen sie auf die Höhe von Golgotha.

Bildbetrachtung

Handbilder „Simon hilft Jesus das Kreuz tragen" werden verteilt. Das von uns angeschaute Bild aus Heiligkreuztal (Beuroner Kunstverlag) ist nur als Postkarte erhältlich. Das hier abgedruckte Bild ist aus dem RPA-Verlag. Die Betrachtung ist ein kurzes Gespräch, orientiert am jeweils vorhandenen Bild.

P. Wir nehmen das Bild in die Hand und sagen, was wir sehen können.... Wer sind die beiden Menschen? Wohin schauen sie? Was tun sie? Tun sie etwas miteinander?
Sie sehen verschieden aus. Wie verschieden?

Wir sehen Jesus mit dem Kreuz. Jesus bleibt stehen. Er stützt die eine Hand auf das Knie und dreht sich um. Wer ist hinter ihm? Es ist Simon von Cyrene – das haben wir im Evangelium gehört.

Simon hat die Kleidung eines Bauern an; er kommt vom Feld. Er will nach Hause, doch die Soldaten zwingen ihn: Trag du das Kreuz mit.

Simon ist so klein. Kann ich das Kreuz tragen? Warum ist das Kreuz so schwer? Ich will es gar nicht tragen. Warum gerade ich? Am liebsten wäre ich so klein, dass ich im Boden verschwinden könnte.

Doch er trägt mit. So klein er auch ist, so weit hinten er auch geht, er trägt mit am Kreuz Jesu und hilft ihm.
Jetzt gehört er zu Jesus.

Warum ist dein Kreuz nur so schwer?

Predigtgespräch

3 Kinder kommen nacheinander und stellen ihre Frage. Nach der Antwort hängen sie den gezeigten Gegenstand an das Kreuz.

1. Kind *Welche Last trägst du? Warum ist dein Kreuz so schwer?*

P. Siehst du die Dornenkrone?

❍ *P. nimmt die* **Dornenkrone** *in die Hand.*

Ich trage den Spott der Menschen.
Ich trage alle Menschen, die heute verspottet werden,
die Kinder, auf die ihr in der Schule mit dem Finger zeigt
und die ihr auslacht,
die kleinen Geschwister, die ihr hänselt und lächerlich macht,
alle, über die ihr Großen am Stammtisch lästert.

Dieser Spott tut weh,
nicht nur auf dem Kopf,
der geht bis ins Herz.

Wer trägt denn diese Verspotteten?

Jugendlicher ❍ *schlägt mit drei, vier Schlägen einen großen Nagel oben in den Längsbalken. Er kann dazu evtl. in aller Ruhe (!) eine Leiter oder einen Hocker benutzen.*

1. Kind ❍ *hängt die Dornenkrone an den Nagel.*

2. Kind *Welche Last trägst du? Warum ist dein Kreuz so schwer?*

P. ❍ *nimmt die* **Fessel**.

Siehst du diese Fessel?

Mit dieser Fessel binden sie mich, fesseln meine Hände,
mit denen ich nur Gutes tat.

Ich trage die Fessel für alle, die ungerecht gefangen sind.
Ich trage die Fessel auch für alle, die gebunden, gefesselt sind
an Alkohol, Zigaretten und Drogen.
Wer macht sie frei?

Ich trage die Fessel für alle, die an ihre Wünsche gebunden sind,
die ihre Hände nicht mehr öffnen können,
sondern nur gierig raffen und haben wollen und festhalten.
Ich trage all eure Schuld, die euch bindet an Gestern,
an euer Versagen, an euren Egoismus statt an Gott
und die euch unfrei macht.

Wer trägt sie denn?

Jugendlicher ❍ *schlägt mit drei, vier Schlägen einen großen Nagel außen in den Querbalken (gewöhnliche Position der Hände des Gekreuzigten).*

2. Kind ❍ *nimmt die Fessel und hängt sie an den Nagel.*

Ruf Das Kreuz ist groß

3. Kind *Welche Last trägst du? Warum ist dein Kreuz so schwer?*

P. ❍ *hält eine* **Geißel**.

Siehst du diese Geißel?
Damit haben sie mich geschlagen und gefoltert.

Ich habe Wunden für alle Kinder, die heute geschlagen werden
zu Hause oder auf der Straße.
Ich spüre alle Schläge, mit denen ihr auf dem Schulhof einander wehtut,
wenn Männer ihre Frauen prügeln.
Der kleinste Schlag gegen die Kleinen und die Ungeborenen
geht mir bis ins Mark.

Wer hat denn Mitleid mit ihnen?

Jugendlicher ❍ *schlägt mit drei, vier Schlägen einen großen Nagel in den anderen Arm des Querbalkens.*

3. Kind ❍ *hängt die Geißel an den Nagel.*

Ruf Das Kreuz ist groß

4. Kind *Welche Last trägst du? Warum ist dein Kreuz so schwer?*

P. Siehst du dieses Säckchen?

❍ *P. holt ein* **Säckchen mit Geldstücken** *und klimpert damit.*

Für Geld, für 30 Silberlinge, hat mich Judas verraten und an den Hohenpriester verkauft.

Ich trage alle, die verkauft werden,
die wie Vieh behandelt werden, auf Schiffe gesperrt und weggeschafft für Geld.

Ich trage alle, die missbraucht werden auf den Straßen und in den vornehmen Häusern für Geld.
Wer hat Mitleid mit ihnen und achtet ihre Würde?

Und ich trage die Schuld aller, die andere kaufen für Geld,
die Mörder kaufen, damit diese andere umbringen für Geld.

Ich trage auf meinem Kreuz auch alle, die keine Kraft mehr haben,
die nichts gelten,
die ihr links liegen lasst, weil sie euch nichts mehr bringen,
die vielen, die ihr überflüssig nennt. Sie sind schwer.

Wer trägt sie denn?

Jugendlicher ❍ *schlägt mit drei, vier Schlägen einen großen Nagel seitwärts etwa in Hüfthöhe des späteren Korpus.*

4. Kind ❍ *hängt den Geldsack an den Nagel.*

Ruf Das Kreuz ist groß

FÜRBITTEN

❍ *Eine* **Kerze** *wird entzündet und ein* **blühender Zweig** *zum Kreuz gestellt.*

P. Simon geht mit Jesus. Er nimmt das Kreuz auf und trägt es mit Jesus. Jesus nimmt ihn mit auf seinen schweren Weg. Simon gehört jetzt ganz zu Jesus.
Jesus schaut ihn dankbar und liebevoll an.
Die Liebe Jesu wird die große Kraft und die Freude sein, wenn wir mit Jesus das Kreuz tragen.
Darum bitten wir:

1. Kind Jesus, wir wollen dein Kreuz mittragen.
Lass uns erkennen, wenn einem anderen Kind Unrecht geschieht.
Lass uns mutig für die Schwächeren eintreten.

2. Eltern Jesus, wir wollen dein Kreuz mittragen.
Lass uns Eltern die Kraft finden, unseren Kindern in ihren Sorgen und Nöten gerecht zu werden.

3. Jugendlicher Jesus, wir wollen dein Kreuz mittragen.
Immer mehr Menschen wenden sich von dir ab
und glauben, dich nicht mehr zu brauchen.
Gib uns die Kraft und den Mut,
dich immer wieder aufs Neue zu suchen und bei dir zu bleiben.

4. Eltern Jesus, wir wollen dein Kreuz mittragen.
Lass uns für unsere alten und kranken Menschen Zeit und Verständnis aufbringen.

5. Jugendliche Jesus, wir wollen dein Kreuz mittragen.
Lass uns vor dem Elend in der Welt nicht die Augen verschließen und weglaufen,
sondern schenke uns die Bereitschaft zum Teilen.
Lass uns für alles Gute dankbar sein.

P. Dank sei dir Jesus.
Du gehst für uns den schweren Weg.
Dank sei dir, dass wir mitgehen dürfen.
Doch ohne dich vermögen wir nichts.
Darum stärke uns in der Liebe. Amen.

WANDLUNG

❍ *P. holt den Korpus und hängt ihn an das Kreuz.*

P. Wir schauen auf Jesus, der das Kreuz für uns getragen hat, den jetzt das Kreuz trägt. Er ist eins mit dem Kreuz und sagt: Aus Liebe will ich euch alle tragen. Ich gebe mein Leben für euch. Und das ist jetzt.

„Denn am Abend, an dem er ausgeliefert wurde...."

Wir sehen das Kreuz, wir sehen den blühenden Zweig,
wir sehen die brennende Kerze.
Die Liebe Jesu bis zum Tod am Kreuz ist unsere Hoffnung,
seine Liebe schenkt uns neues Leben,
seine Liebe ist Licht in der Dunkelheit.

Geheimnis des Glaubens.....

VATERUNSER

FRIEDENSGRUSS

P. Mit welcher Kraft haben sie die Nägel in das Holz geschlagen, mit welcher Kraft aber hat Simon seine Hände geöffnet und das Kreuz Jesu mitgetragen?

Menschen brauchen Kraft, um zu raffen und festzuhalten.
Wir brauchen auch Kraft, Herzenskraft, Liebeskraft,
um unsere Hände zu öffnen
und sie dem anderen zu reichen.

Wir öffnen jetzt die rechte Hand, sie sagt:
„Ich will dich mittragen."
Ich lege meine linke Hand in die offene Hand des anderen.
Meine Hand sagt: „Ich danke dir, dass du mich trägst."

Sr. Esther Kaufmann / Franz Mitterreiter

DANK Seht das Zeichen, seht das Kreuz

SCHLUSS z. B. K. Stimmer-Salzeder, Lebt euer Leben mit Gott

Karfreitagsfeier für Kinder

Material

Tücher: 1 rot, 4 grün, 2 braun (oder mehr), 2 schwarz
Palmstrauß auf einem Stecken, Fessel
Thron: Hocker vor dem Altar mit rotem Tuch bedeckt, roter Mantel
Dornenkrone, 3 rote Rosen,
großer Stein, 3 andere Steine, großes weißes Tuch, Bild von Jesus, das auf das weiße Tuch geheftet werden kann, 3 Opferlichte
großes stehendes Kreuz ohne Corpus
eigener Corpus
gelbe oder weiße Blumen für alle Kinder
Texte für Kinder und Erwachsene

Der Altar wird als letzte Station in den Kreuzweg einbezogen. Der Weg geht dorthin. Neben dem Altar schließen sich ein oder zwei Tische an, wo der Weg beginnt. Der Altar und der Tisch sind einheitlich mit braunen Tüchern bedeckt. Auf dem Altar können braune Tücher wie zu einem Hügel ausgebreitet sein.

Auf der Seite (Tisch) ist auf rotem Tuch mit Klötzen und Kugeln die Stadt Jerusalem angedeutet. Davor steht ein Ständer für den Palmstrauß.

Vor dem Altar steht bereits der Hocker, doch ohne rotes Tuch.
Die später herbeizutragenden Gegenstände werden in der Nähe der Kinder, z. B. im Mittelgang bereitgehalten.

1. EINZUG JESU IN JERUSALEM

P. Unsere Kirche ist heute so kahl und leer, dass wir uns darin kaum wohlfühlen können. Es ist heute auch ein besonderer Tag, der Karfreitag.

Wir sind versammelt, um mit Jesus einen Weg zu gehen,
einen schweren Weg, den Kreuzweg.

Am letzten Sonntag sind wir mit Jesus einen festlichen Weg gegangen. Es war der Palmsonntag. Wohin ging der Weg? Er führte nach Jerusalem. Jesus zog in die Stadt Jerusalem ein. Daran erinnern uns dort die Türme und goldenen Kugeln.

- *Die* **Jesuskerze** *wird entzündet und in die „Stadt" gestellt.*

Was haben die Menschen und wir ihm zugerufen?
„Jesus soll unser König sein!"
Manche brachen von den Bäumen Zweige, um Jesus zuzuwinken.

- *Ein Kind trägt einen* **Palmstrauß** *an einem Stecken nach vorn und stellt ihn vor die „Stadt". Wir singen noch einmal Jesus zu.*

Alle singen Jesus soll unser König sein. Hosianna. Amen. (S. 19)

Doch nicht alle wollten, dass Jesus ihr König sei.
Obwohl er doch so vielen geholfen und allen zugerufen hatte:
„Gott ist euer Vater. Er liebt euch.
Hört auf mich, ich zeige euch den Weg zu Gott.
Ich bringe euch Licht und Leben",
wollten ihn einige beseitigen, töten.

Jetzt werden wir hören, was weiter geschieht.
Wir werden sehen, wie gern er uns hat und was er für uns tut.
Wir werden ihm singen und zu ihm beten.

2. JESUS GEHT IN DEN GARTEN GETSEMANI

Wenige Tage, nachdem Jesus in Jerusalem eingezogen war, nach dem letzten Abendmahl geht er mit seinen Jüngern zum Ölberg hinaus in einen Garten.

- **2 grüne Tücher** *werden auf den Tisch Richtung Altar gelegt.*

Wie oft war Jesus in dem Garten gewesen? Die Freunde kannten ihn gut. Es war gut, dort zu sein, in Frieden, im Gespräch.
Sie konnten Jesus fragen oder einfach ausruhen.
Doch heute ist es anders, denn es ist dunkle Nacht.

- *Zwei Kinder hüllen mit* **2 schwarzen Tüchern** *den Garten ein.*

Jesus geht in den dunklen Garten, die Jünger bleiben zurück.

❍ *Die* **Jesuskerze** *wird in das Dunkel gestellt.*

Er ist allein. Die Nacht geht bis in sein Herz.
Eine große Angst überfällt ihn.
Er fällt nieder und betet aus ganzem Herzen:
„Vater, lass den Kelch an mir vorübergehen!"
Er betet einmal, zweimal und ein drittes Mal.
Dann aber betet er: „Vater, doch nicht mein,
sondern dein Wille soll geschehen."

Da kommt Judas, einer seiner Jünger, durch die Nacht
mit den Soldaten und Knechten des Hohenpriesters.
Er geht auf Jesus zu und küsst ihn.
Jesus sagt: „Freund, mit einem Kuss verrätst du mich?"

Der Kuss war das Zeichen. Da nehmen die Soldaten Jesus gefangen
und führen ihn durch die Nacht weg.

❍ *Eine* **Fessel** *wird nach vorn zur Kerze getragen.*

❍ *Kinder halten ihre Hände wie gefesselt.*

Wir können alle unsere Hände wie gefesselt halten.
Jesus kann nichts mehr tun. Was hat er alles Gutes getan?....

Sie führen ihn vor Pilatus, den Statthalter, um ihn anzuklagen.

3. JESUS STEHT VOR PILATUS

❍ *Ein* **rotes Tuch** *wird auf den Hocker vor dem Altar gebreitet.*

Ein rotes Tuch haben wir ausgebreitet: ein Königsthron.
Wer sitzt auf einem solchen Thron? Ein König oder sein Vertreter.

Jetzt steht Jesus vor Pilatus, der wie ein König herrscht,
der das Land Israel beherrscht und viel Macht hat.

❍ *Die* **Jesuskerze** *wird vor den Thron gestellt.*

Pilatus fragt Jesus: „Bist du ein König?"
Jesus sagt: „Ja, ich bin ein König."
Da wundert sich Pilatus und fragt: „Wo ist dein Königreich?"

Jesus antwortet: „Mein Königreich ist nicht wie dein Königreich.
Ich will nicht herrschen und Macht und Gewalt haben.
Ich will die Menschen zu Gott führen.

Ich will die Menschen nicht ausbeuten.
Ich will ihnen Leben schenken - Leben, wie nur Gott es geben kann.

Ich will sie nicht in den Krieg führen.
Ich will ihnen Frieden schenken.
Sie sollen Kinder Gottes werden."

Da wundert sich Pilatus noch mehr.
Er lässt Jesus einen roten Mantel anziehen.

❍ *Ein* **roter Mantel** *wird vorgetragen und über den Thron gelegt.*

Dann flechten die Soldaten eine Krone aus Dornen
und setzen sie Jesus aufs Haupt.

❍ *Die* **Dornenkrone** *wird auf den roten Mantel gelegt.*

❍ *Die* **Jesuskerze** *wird auf den Thron in die Krone gestellt.*

Die Soldaten verspotten, verlachen ihn: „Seht, unser König!"

Gebet

Älteres Kind *Jesus, du wirst mit Dornen gekrönt.*
Du wirst verlacht.
Die Menschen zeigen mit dem Finger auf dich.
Du bist allein. Niemand schaut dich mit Liebe an.
Und du schweigst und erträgst den Spott.

Jesus, wir aber haben dich gern.
Du sollst unser König sein!

P. *Wir wollen Jesus unseren König nennen,*
wie wir es ihm am Palmsonntag zugerufen haben:

Alle singen Jesus soll unser König sein, Hosianna, Amen.

Fürbitten und Zeichen: 3 Rosen

❍ *Während der folgenden 3 Bitten wird* **jeweils eine Rose in die Krone** *gesteckt.*

Kind *Jesus, wir bitten dich für alle Kinder,*
die ausgelacht werden.

Alle singen Jesus soll unser König sein....

Wir bitten dich für alle Kinder,
auf die andere mit dem Finger zeigen. – KV

Wir bitten dich für alle Kinder, die niemand mag. – KV

4. JESUS NIMMT DAS SCHWERE KREUZ AUF SICH

Pilatus fragt die Leute: „Was soll ich mit Jesus tun?"
Da schreien sie: „Kreuzige ihn! Hinweg mit ihm! Kreuzige ihn!"
Und Pilatus hört auf sie und lässt Jesus das Kreuz aufladen.

❍ *Das* **große Kreuz** *wird herangeschleppt, evtl. von einem Vater, und vor dem Altar aufgestellt.*

Jesus muss das schwere Kreuz tragen.
Er beginnt seinen Kreuzweg. Es ist ein schwerer Weg.

Er stolpert – und fällt – und muss doch weitergehen.
Jesus will das Kreuz für uns alle tragen.
Er hatte es früher schon gesagt: „Kommt zu mir,
ich will eure Lasten tragen und euch Ruhe schenken."

Gebet

Älteres Kind *Jesus, du trägst eine Dornenkrone,*
du trägst ein schweres Kreuz.
Du wirst aus der Stadt hinausgeführt, hinausgestoßen.
Die Menschen schreien: Hinweg mit dir!
Jesus, wir aber wollen mit dir gehen,
auf deinem schweren Weg bei dir sein.

Fürbitten und Zeichen: Steine

❍ **3 schwere Steine** *werden nacheinander zwischen Garten und Kreuz gelegt.*

Kind *Jesus, wir bitten dich für alle Menschen,*
die eine schwere Krankheit tragen.

KV Das Kreuz ist groß und es ist schwer („Ach Jesus", S. 60)

Wir bitten dich für alle,
die unter ihrer schweren Arbeit leiden. – KV

Wir bitten dich für alle, die mit großer Mühe und Kraft das Brot für ihre Familie verdienen. – KV

5. VERONIKA REICHT JESUS DAS SCHWEIßTUCH

Wir gehen weiter mit Jesus den Kreuzweg.

Die Menschen stehen am Weg, und niemand hilft.
Jesus geht allein den Weg.
Doch da ist eine Frau, sie heißt Veronika.
Sie sieht Jesus leiden und fühlt in ihrem Herzen mit.
Sie kommt zu ihm und reicht ihm ein Schweißtuch,
damit er sein Gesicht abtrocknen kann. Mehr kann sie nicht tun.

❍ *Ein* **großes, weißes Tuch** *wird auf den Altar gelegt, vorn etwas herabhängend.*

Jesus spürt ihre Liebe, er schaut sie mit Dankbarkeit an.
Er drückt sein Gesicht in das Tuch.
Und es wird erzählt, dass er ein Abbild seines Gesichtes im Tuch zurücklässt. Veronika wird das Gesicht Jesu nicht mehr vergessen. Immer schaut Jesus sie mit Dankbarkeit an.

❍ *Ein großes* **Bild von Jesus** *(Antlitz Jesu) wird auf das Tuch geheftet.*

V / Alle (evtl. zeilenweise) Franz Kett

Gebet

Älteres Kind *Veronika, du hast Jesus leiden sehen.*
Du hast dein Gesicht nicht abgewendet,
sondern Jesus mit Liebe angeschaut.
Du konntest ihm nur ein Schweißtuch reichen,
das war alles. Du hast es gern getan.

Fürbitten und Zeichen: 3 Lichter

❍ *Zu den Fürbitten wird* **jeweils ein Licht** *zu einem Stein gestellt.*

Kind *Jesus, wir bitten dich,*
dass wir die Not der anderen Kinder sehen.

Wir bitten dich,
dass wir ihnen Gutes tun und sie nicht allein lassen.

Wir bitten dich,
hilf uns, in den geringsten Menschen dich zu erkennen
und ihnen das zu tun, was wir können.

Lied Ach Jesus, liebster Jesus mein

6. JESUS WIRD ANS KREUZ GESCHLAGEN

So führen sie Jesus auf den Berg Golgotha.
Dort reißen sie ihm die Kleider vom Leib.

Dann kreuzigen sie ihn.

❍ *Der* **Korpus** *wird hereingetragen und an das große Kreuz gehängt.*

Unter dem Kreuz stehen viele Menschen, die gaffen,
die spotten und lachen.
Sie rufen: „Anderen hast du geholfen, nun hilf dir doch selbst!"
Und: „Du hast doch gesagt: Ich bin Gottes Sohn. Dann steig herab
vom Kreuz, und wir wollen glauben, dass du Gottes Sohn bist.
So spotten sie gemein und ohne Mitleid.

Jesus hört es und betet: „Vater, vergib ihnen,
denn sie wissen nicht, was sie tun."
Dann spricht er: „Vater,
in deine Hände empfehle ich meinen Geist."
Und er neigt sein Haupt und stirbt.

- *Die* **Jesuskerze wird ausgeblasen** – *ein Moment Stille*
- *Alle* **knien** *nieder*

Gebet *Wir schauen hin auf das Kreuz.*

Wir schauen auf dich, Jesus.
Deine Hände sind gekreuzigt, deine Füße angenagelt,
dein Augenlicht ist erloschen. Still, totenstill ist es geworden.

Jesus, wir danken dir.
Bis zum Tod am Kreuz hast du uns geliebt.

Gemeinsam *Ich danke dir, Herr Jesus Christ,*
dass du für mich gestorben bist,
ach, lass dein Blut und deine Pein
an mir doch nicht verloren sein.

- *Alle setzen sich wieder.*

7. KREUZVEREHRUNG

Später kommen die Freunde Jesu und nehmen den Leichnam Jesu vom Kreuz. Sie tragen ihn in einen Garten.

- *Vor dem Kreuz werden mehrere* **grüne Tücher** *ausgebreitet.*

Dort ist ein Grab in einen Felsen gehauen.

- **2 braune Tücher** *werden zu einer Art Höhle neben dem Kreuzesfuß geformt.*

In diesem Grab hatte noch niemand gelegen.
Jetzt legen sie den Leichnam Jesu hinein.

Da am Schluss das Kreuz als Baum des Lebens und der Liebe verehrt wird, ist es sinnvoll, das Kreuz stehen zu lassen, auch wenn von der Grablegung weitererzählt wird.

Dann wälzen sie noch einen schweren Stein davor.

- *Der* **große Stein** *wird an den Fuß des Kreuzes gelegt.*

Dann gehen die Leute weg. Es ist Sabbat, Ruhetag.
Es wird still, totenstill. Jesus ist gestorben und begraben.
Traurig gehen die Jünger davon.

Wir wissen, dass Gott, der Vater, Jesus nicht im Tod gelassen hat.
Das große Wunder ist geschehen:
Gott, der Vater, hat Jesus von den Toten auferweckt.
Noch ist es still und verborgen.
Doch hatte Jesus nicht vom Weizenkorn erzählt?....
„Das Weizenkorn muss in die Erde fallen und sterben,
dann bringt es viele Frucht. So will auch ich für euch sterben."

Darum dürfen wir das Kreuz Jesu schmücken.
Wir schauen auf Jesus, der für uns gestorben ist,
der uns liebt bis zum Ende.

Das Holz des Kreuzes wird zu einem Baum des Lebens,
zum Baum der Liebe Jesu für uns.

Wir zeigen, wie das Kreuz zu blühen beginnt:
Gott schenkt neues Leben.
Die Liebe Gottes ist stärker als die Macht des Todes.

- *Die Kinder empfangen zuerst* **je eine Blume** *noch in den Bänken.*
- *Alle gehen zu zweit nach vorn. Mit einer Kniebeuge verehren sie das Kreuz und schmücken es mit ihren Blumen, hingelegt wie ein Kranz.*

Lied Baum des Kreuzes. Siehe S. 44.

Wenn alle zurückgekommen sind, knien sie nieder und singen:

Lied Seht das Zeichen, seht das Kreuz. Siehe S. 22.

8. DAS KREUZZEICHEN

- *Alle stehen auf.*

P. Jetzt stehen wir auf. Wir stehen vor dem Kreuz.
Wir stellen uns wirklich auf unsere Füße....,
stehen vor dem Kreuz Jesu – vor dem Baum des Lebens,
vor dem Zeichen der Liebe Jesu.

Jesus, wir danken dir für dein Kreuz, für deine Liebe.
Dein Kreuz ist unser Heil.
Darum machen wir voll Dank und Liebe
dein Kreuzzeichen über uns.
Segne uns durch dein Heiliges Kreuz.

Im Namen des Vaters und des Sohnes und des Heiligen Geistes.

Kurse in Spabrücken

Sr. Esther Kaufmann
P. Meinulf Blechschmidt

Kloster Spabrücken
Klosterstr. 7, 55595 Spabrücken
T. 06706-960104 / Fax -960099

22. - 24.1.2002 Kindergottesdienst ganzheitlich gestalten

Zeit 22.1., 15.00, bis 24.1., 13.00 Uhr *Kosten* 97,- Euro

21. - 22.2.2002 Mit Kindern den Kreuzweg und das Kreuz erfahren

Zeit 21.2., 9.30, bis 22.2., 16.00 Uhr *Kosten* 77.- Euro
(Ankunft schon am 20.2. möglich.)

1.+15.+22.3.2002 3 Besinnungstage: Auf dem Weg zum neuen Leben

Zeit 9.30 bis 17.00 Uhr *Kosten gesamt* 90,- Euro

17. - 21.6.2002 Exerzitien: Versöhnung und Frieden

Elemente der Tage: gemeinsame, ganzheitliche Eröffnungen, Schweigen, Eucharistiefeier.

Zeit 17.6., 15.00, bis 21.6., 10.00 Uhr. *Kosten* 190,- Euro

20.+27.2.+3.3.2002 3 Abende im Intervall:
Biblische Geschichten werden lebendig

Zeit jeweils 19.00 - 22.00 Uhr *Kosten gesamt* 30,- Euro

21. - 23.8.2002 Erstkommunionkatechese

Zeit 21.8., 15.00, bis 23.8., 13.00 Uhr *Kosten* 97,- Euro

18. - 20.9.2002 Meditative Elemente in Firmung u. Erwachs.Kat.

Zeit 18.9., 15.00, bis 20.9., 13.00 Uhr *Kosten* 97,- Euro

22. - 25.10.2002 Multiplikatoren-Kurs (Intervall, 4x bis Febr. 2004)

Zeit 22.10., 15.00, bis 25.10., 13.00 Uhr *Kosten* 145,- Euro

Genauere Informationen erfragen Sie bitte direkt!
Adresse siehe oben.